EDUCAÇÃO RELIGIOSA

docentes em formação

- *Dinâmicas para reunião de pais: construindo a parceria na relação escola e família* – Luciana Maria Caetano

- *Educação para a paz: um caminho necessário* – Gloria Lourdes Alessi Marchetto

- *Educação religiosa: fundamentação antropológico-cultural da religião segundo Paul Tillich* – Pedro Ruedell

- *Educar para a convivência na diversidade: desafio à formação de professores* – Selenir Corrêa Gonçalves Kronbauer e Marga Janete Ströher (orgs.)

- *Formação de professores: abordagens contemporâneas* – Selenir Corrêa Gonçalves Kronbauer e Margareth Fadanelli Simionato (orgs.)

Pedro Ruedell

EDUCAÇÃO RELIGIOSA

Fundamentação
antropológico-cultural
da religião segundo Paul Tillich

Dados Internacionais de Catalogação na Publicação (CIP)
(Câmara Brasileira do Livro, SP, Brasil)

Ruedell, Pedro
  Educação religiosa : fundamentação antropológico-cultural da religião segundo
Paul Tillich / Pedro Ruedell — 2. ed. — São Paulo : Paulinas, 2010. — (Coleção
docentes em formação)

  Bibliografia.
  ISBN 978-85-356-2096-2

  1. Antropologia   2. Educação religiosa   3. Educação religiosa – Brasil
4. Religião e cultura   5. Tillich, Paul, 1886-1965   I. Título.   II. Série.

10-00245   CDD-371.07

Índices para catálogo sistemático:
1. Educação religiosa escolar   371.07
2. Ensino religioso escolar   371.07

DIREÇÃO-GERAL:	Flávia Reginatto
EDITORA RESPONSÁVEL:	Luzia M. de Oliveira Sena
ASSISTENTE DE EDIÇÃO:	Andréia Schweitzer
COPIDESQUE:	Cristina Paixão Lopes
COORDENAÇÃO DE REVISÃO:	Marina Mendonça
REVISÃO:	Jaci Dantas e Leonilda Menossi
DIREÇÃO DE ARTE:	Irma Cipriani
GERENTE DE PRODUÇÃO:	Felício Calegaro Neto
CAPA E EDITORAÇÃO ELETRÔNICA:	Manuel Rebelato Miramontes

2ª edição – 2010

*Nenhuma parte desta obra poderá ser reproduzida ou transmitida
por qualquer forma e/ou quaisquer meios (eletrônico ou mecânico,
incluindo fotocópia e gravação) ou arquivada em qualquer sistema ou
banco de dados sem permissão escrita da Editora. Direitos reservados.*

Paulinas

Rua Dona Inácia Uchoa, 62
04110-020 – São Paulo – SP (Brasil)
Tel.: (11) 2125-3500
http://www.paulinas.org.br – editora@paulinas.com.br
Telemarketing e SAC: 0800-7010081
© Pia Sociedade Filhas de São Paulo – São Paulo, 2007

Dedicatória

Não a nós, Senhor, não a nós,
mas ao teu nome seja dada a glória (Sl 115a).

A meus familiares, vivos e falecidos,
especialmente em memória de meu pai, Theodoro,
que foi para mim inspirador de trabalho sério e honesto,
de dedicação à causa social, de busca de inovação e progresso,
sustentado por profundas convicções religiosas.

Agradecimentos

A todas as pessoas e instituições
que colaboraram neste trabalho.

De modo especial:

aos coirmãos da Província Lassalista de Porto Alegre;
ao Unilasalle e à Sociedade Porvir Científico;
aos colegas do Fórum Nacional Permanente
de Ensino Religioso;
aos professores e amigos
Dr. Benno João Lermen e Dr. Lúcio Kreutz.

Apresentação

Em tempos de maior complexidade ou de grande fluidez, como os nossos tempos, o Ensino Religioso precisa de referências que, ao mesmo tempo, considerem os inúmeros fatores que dão tal pluralismo e complexidade à sociedade contemporânea e que se expressem de forma suficientemente clara e sintética, para que seja um instrumento de apoio aos que se dedicam à urgente tarefa humanista desta matéria. Aqui está um texto preciso e, portanto, precioso, que contempla esta dupla tarefa.

Seu autor, o irmão lassalista Pedro Ruedell, possui larga experiência em todos os níveis do Ensino Religioso, desde a sala de aula, passando pela turma de alunos, a coordenação de escola, de rede de escolas, até, finalmente, a coordenação em nível estadual, participando de equipes e trabalhando com colegas em reuniões, congressos, encontros; portanto, uma atuação fundamentada na própria experiência e nos ensinamentos ditados pela sabedoria de inúmeros colegas. Após tanto trabalho, ele nos brinda agora com um texto equilibrado e, ao mesmo tempo, rico e inspirador.

Evidentemente, este subsídio não pretende substituir as responsabilidades e tarefas que cabem a cada professor ou professora em suas condições bem locais, mas oferece, em primeiro lugar, uma fundamentação sólida, um horizonte luminoso, que, ao longo de um processo de amadurecimento, permanece sempre válido e orientador. Escolhe, para isso, o pensamento ecumênico e atual de Paul Tillich, conhecido como o pensador das correlações entre cultura e religião. E o faz com a maestria de quem aborda questões complexas com linguagem clara e justa, sem complicações. Em uma segunda parte, atento à legislação, desenvolve os pontos básicos de referência do Ensino Religioso que não poderão faltar em nenhum dos níveis do processo. A paz, o pluralismo que significa também respeito e diálogo entre múltiplas tradições religiosas, a base ética da existência humana com dignidade e imprescindível convivência, enfim, a urgente dimensão ecológica da vida humana com raízes religiosas, tudo isso é comentado em termos pedagógicos para que nunca faltem aos planos e às relações de Ensino Religioso.

Irmão Pedro, membro da Congregação dos Irmãos das Escolas Cristãs, presta-nos assim um inestimável serviço que, no mundo pluralista de hoje, recoloca o cristianismo no contexto do diálogo de culturas e tradições religiosas, em vista de uma humanidade que se mantenha e cresça em humanismo, na medida em que se nutre daquilo que a transcende o santo, o sagrado, o religioso, o absolutamente necessário para *ser humano*. Este precioso texto cumprirá sua missão de ser uma referência e uma ajuda no meio deste maravilhoso caminho: a aventura humana em que, ajudando-nos uns aos outros, nos transcendemos no Mistério que a todos envolve e ama.

Frei Luiz Carlos Susin, teólogo
Porto Alegre, junho de 2007.

Introdução

No campo da educação, atualmente, esta reflexão situa-se na área específica da educação religiosa formal, com enfoque direcionado para o Ensino Religioso escolar, redimensionado pela legislação em vigor. Deixamos claro, de saída, que se trata de uma espécie de Ensino Religioso bem diferente daquele que era oferecido tradicionalmente nas escolas públicas e particulares. Aliás, sua ministração nas instituições oficiais era, muitas vezes, contestada por motivo de crença ou filiação religiosa diferente daquela veiculada nas aulas, ou pela laicidade dos organismos governamentais, com base na separação entre Igreja e Estado legalmente instituída em nosso país desde a proclamação da República.

A atual disciplina curricular do Ensino Religioso tem base antropológico-cultural, isto é, atende à necessidade fundamental de todo homem e mulher de se desenvolver plenamente, de buscar sentido e valores que deem orientação precisa e arrimo seguro a sua existência. Para tanto, abrem-se e relacionam-se adequadamente com os semelhantes e demais seres. Sentem-se impulsionados por desejos profundos e aspirações infindas que emergem da profundidade de seu ser. Construindo-se, destarte, de forma individual e coletiva, também se abrem a realidades além da história que intuem ou mesmo acreditam existir em um assim chamado mundo divino, ao qual se tem acesso pela fé segundo a revelação fundante específica de cada denominação religiosa. Todo este dinamismo procede da dimensão religiosa do ser humano que, em linguagem simbólica, é sua realidade profunda e íntima. Mas as expressões dessa religiosidade, assim como se mostram no fenômeno religioso, são sempre ambíguas, muitas vezes desfiguradas e mesmo pervertidas. Desta maneira, a dimensão religiosa, como todas as dimensões constitutivas do ser humano, necessita de cuidado para se desenvolver e de oportuna e indispensável correção em vista de se constituir em elemento indispensável e fundamental de realização individual e social de homens e mulheres e de verdadeira reverência ao ser divino, culto que também eleve e dignifique os humanos e todo o universo existente.

Este Ensino Religioso abre novas perspectivas dentre as quais merece destaque o fato de ele poder ser desenvolvido respeitando os posicionamentos e convicções religiosas de todas as pessoas e grupos. Está a serviço das aspirações humanas profundas, com abertura total ao mundo. Canaliza e orienta as energias que procedem do íntimo profundo de todos os homens e mulheres no sentido de se construírem no relacionamento recíproco e de edificarem sociedades em que se busca a predominância de paz, progresso, justiça, solidariedade, em harmonia com toda a natureza e na abertura ao mundo divino. Este Ensino Religioso tem como tarefa e metodologia básicas a prática do diálogo no mundo plural de hoje, em rápida transformação, a convivência na alteridade e o respeito ao diferente. Também está voltado, em especial, a sanear as ambiguidades e distorções da religião em geral e de determinadas expressões religiosas em particular, aberrações que hoje, infelizmente, verificamos em conflitos, guerras e ações terroristas. Nesta mesma perspectiva, é tarefa fundamental deste Ensino Religioso ajudar a definir critérios e referenciais de autenticidade religiosa pelos quais as pessoas possam discernir, nas múltiplas exteriorizações religioso-culturais, o que há de verdadeiro e legítimo em coerência com o sentido profundo dos seres humanos e das coisas, para poderem contribuir de modo substancial na educação para a cidadania e a construção de sociedades mais humanas.

12

Trata-se de uma temática importante a ser pesquisada tanto aqui no Brasil quanto em todos os quadrantes de nosso planeta. Atenta a esta necessidade, a Unesco levou a efeito e publicou, em junho de 2003,[1] uma pesquisa sobre educação e religião. A diretora-chefe da equipe editorial, Cecília Braslavsky, ao apresentar esta edição do periódico, assevera que sempre se procurou um componente curricular que pudesse propiciar sentido ao mundo em que vivemos e esclarecer o papel que nos cabe realizar. Além do mais, segundo ela, dentro da globalização em curso e diante de conflitos que afetam o mundo todo, requer-se o desenvolvimento de valores, tais como tolerância, paz e respeito aos direitos humanos, por meio de atitudes e práticas do diálogo. Enfocando tais necessidades e a correspondente busca de soluções, a autora acentua a crescente valorização da educação religiosa, que se verifica hoje tanto em sistemas antes fechados à religião como naqueles em que ela era predominante no currículo escolar, mas que agora passa por uma revisão de métodos no sentido de torná-la relevante e tolerante dentro do mundo plural inter-relacionado dos diferentes povos e culturas.[2]

É deveras relevante que a Unesco, por intermédio de um de seus órgãos, a Agência Internacional de Educação, tenha realizado, com representação das diferentes realidades culturais do mundo, um estudo sobre a temática da educação religiosa. Como justificativa deste exame, a própria Braslavsky declara que o Ensino Religioso é um meio de ajudar os alunos a se encaminharem para uma vida com sentido, e isto em âmbito mundial.[3] Os autores, cujos pensamentos e experiências são publicados nesta edição, além de originários dos diversos cantos do planeta, também procedem de diferentes crenças e sistemas religiosos. Assim, fazem perfilar diante

---

[1] UNESCO / Agência Internacional de Educação. Education and religion: the paths of tolerance. *Prospects*, revista quadrimestral de educação comparada, v. XXXIII, n. 126, jun. 2003.

[2] Ibid., pp. 129-130.

[3] Ibid., p. 130, § 2.

dos olhos e propõem à mente do leitor informações e análises da educação religiosa na América Latina, em Israel, no Paquistão, na França, na Federação Russa, nos países da Comunidade Europeia, em Serra Leoa e na Índia. À grande variedade de culturas e de situações contextuais corresponde igual variedade de configurações que a educação religiosa assume. Uma das pesquisas, que enfoca o tempo destinado a este ensino no horário escolar, traz o elenco de 142 países em que ele é levado a efeito.

Pelo visto, o Ensino Religioso tem aceitação generalizada em termos de política educacional. Por outro lado, é notório que traz consigo problemas sérios em sua implementação. Tais problemas serão contemplados mais adiante dentro de perspectivas pedagógicas.

Atento a esta problemática, insiro-me nesta reflexão enquanto se trata de uma trajetória histórica da qual participei ativamente desde a década de 1960. Associando-me a outros profissionais do ensino, em âmbitos estadual e nacional, refleti com eles sobre as mudanças contextuais, procurando ressignificar a compreensão do Ensino Religioso e reconfigurar sua prática dentro da realidade cambiante. Tais reflexões foram elaboradas em textos, parcialmente publicados, e levadas à prática em projetos de formação de professores e em subsídios para aulas de educação religiosa. Com esta atividade, entrei em contato com autoridades de ensino, no sentido de promover programas de atualização dos professores na disciplina aqui em questão. Em certos momentos, tal envolvimento tornava-se mais intenso.

Elaborei este escrito inserido neste processo de mudanças, o qual constitui, por assim dizer, o chão de minhas considerações, que desenvolvo em três partes: 1) um olhar histórico sobre a evolução do Ensino Religioso, com destaque para as mudanças ocorridas, visando a uma melhor compreensão do Ensino Religioso atual, segundo a legislação em vigor; 2) organização de elementos basilares como tentativa de ajudar a edificar um sistema coerente

14

de sustentação para o Ensino Religioso; 3) sugestão de indicadores para a implementação pedagógica. Nesta tríplice perspectiva, o objetivo principal visado é a construção de uma fundamentação antropológico-cultural que constitui a parte central deste trabalho. Na revisão de teses e dissertações produzidas no Brasil de 1991 até o presente não foi encontrado trabalho com o enfoque e o objetivo desta investigação. Por isto, com esta intenção, dirijo o pensamento sobre a dimensão religiosa do ser humano como *habitat* do religioso e detenho-me, em seguida, nas expressões religiosas revestidas de traços culturais. Com a abordagem mais consistente possível destes aspectos, espero contribuir, ainda que parcamente, para o estabelecimento da pretendida base e evidenciar que o Ensino Religioso é um elemento indispensável para a educação integral do cidadão e a construção de uma sociedade solidária.

Para dar consistência unitária ao trabalho, inspiro-me de forma privilegiada, mas não exclusiva, em Paul Tillich (1886-1965), distinto professor de filosofia, teologia sistemática, filosofia da religião, teologia filosófica e sociologia em universidades da Alemanha e dos Estados Unidos. Sabedor sempre atualizado nos diversos domínios de conhecimento de seu tempo, tinha o condão de articular e correlacionar estes saberes, tornando-se, assim, também precursor do novo caminho de descompartimentalizar as produções humanas, integrando experiência, reflexão e atuação. Este talento de articular diferentes domínios de conhecimento e de correlacionar realidades distintas foi em boa parte fruto da experiência. Diversas circunstâncias de vida o colocaram na situação de estar na "fronteira entre religião e cultura". Em fontes autobiográficas,[4] relata que desde jovens anos viveu entre dois mundos, no limite entre

---

[4] Notas autobiográficas do autor encontram-se em alguns de seus artigos recolhidos e publicados em várias obras, em particular em: The interpretation of history (Versão inglesa por N. A. Ratsetzki e Elsa L. Talmey. New York, Charles Scribner's Sons, 1936; esta publicação contém igualmente: "On the boundary: an autobiograhical sketch", pp. 3-17); em outra obra, The theology of Paul Tillich, publicou-se o artigo "Autobiograhical reflexions" (New York, Charles W. Kegley & Robert W. Brettal, 1952, pp. 3-21).

duas realidades, colocado diante de alternativas sem que ele se dispusesse sempre a optar por uma delas. No meio familiar, sofreu influências distintas: o pai, pastor luterano e de tradição prussiana; a mãe, de concepção liberal, da Renânia; vida tranquila, em contato com a natureza, na pequena cidade natal de Schönfliess, e simultaneamente atraído pelas cidades grandes onde estudava. Foi criado na burguesia rural e, desde o período escolar, foi também solidário com as classes trabalhadoras. Quanto à aquisição de conhecimentos, sentiu-se atraído pela filosofia, arquitetura e artes, mas estudou também a teologia. Ligou-se fielmente à Igreja luterana, mas aproximava-se também de pessoas à margem da Igreja. Hesitou entre o ensino da filosofia e o da teologia, entre as teses idealista e realista da teoria do conhecimento.

Assimilando os diferentes influxos, não pôde, todavia, aceitar o divórcio entre a cultura humanista secularizada, predominante em seu ambiente de estudo, e a religião cristã, relegada à privacidade individual e familial e ao círculo eclesiástico. Refletindo e conversando, não se decidiu a tomar uma atitude cética e incrédula, como a maioria de seus colegas, e tampouco adotou um dualismo de consciência como lhe parecia ser a de seu pai, luterano ortodoxo e, ao mesmo tempo, admirador da cultura humanista. Aos poucos, com muita reflexão, foi amadurecendo nele a ideia de síntese entre uma cultura leiga autônoma e uma fé viva, sem autoritarismo e exclusivismo dogmático. Com esta experiência e pelos estudos feitos, dotado de grande dinamismo e pensamento profundo e de vanguarda, foi, além de catedrático, escritor de vultosa obra, perfazendo um total acima de cinco mil páginas de texto, distribuídas em mais de 300 publicações. Procurei assimilar o cerne do pensamento de Tillich, com atenção voltada para o objetivo a que me proponho.

Na metodologia de trabalho também me inspiro em Tillich, que construiu o método das correlações e o aplicou especificamente em relação à cultura e à religião. Para ele, o método é um caminho a ser vivenciado e refletido, é um elemento da própria realidade. Ele o trilhou na própria existência.

A intuição básica subjacente a este método é a percepção da realidade do homem e do mundo tensionada entre dois fatores contrastantes, no entrejogo de forças antagônicas. Daí resulta não o repouso mas o movimento das constantes mudanças. Os dois polos de forças antagônicas, embora contemplados como realidades "imaginárias", determinam a realidade, vista como resultante da interação desses contrários.

Situando-me no contexto social e histórico, entendo por correlação a interdependência real de dados ou de fatos, dentro de uma totalidade estruturada, de tal sorte que os correlatos estejam entre si em uma relação simultânea de dependência e independência, sem contradição e sem confusão. Nesta correlação podem contrapor-se um fator estático a um fator dinâmico, uma afirmação a uma negação, uma situação dada (posição) a uma contestação (oposição). Os correlatos, que sempre se encontram em uma unidade de implicação mútua, também podem ser chamados de "polaridades", "unidades tensionadas", "tensão dialética".

Neste trabalho, utilizo a correlação em várias perspectivas, particularmente na polaridade divino *versus* humano (sob as denominações: incondicionado *versus* condicionado, absoluto *versus* relativo, infinito *versus* finito...) e sobretudo na polaridade religião *versus* cultura. Neste último binômio, as categorias de análise são colocadas em correlação com sua efetivação na realidade concreta.

Esta obra, considerada em sua totalidade, segue o seguinte esquema: após a *Introdução,* no *primeiro capítulo,* apresento a configuração atual do Ensino Religioso escolar, descrevendo-lhe a evolução desde a implantação do regime republicano em nosso país. Com esta visão histórica, assinalamos as mudanças que lhe trouxeram alterações profundas e mesmo radicais, fazendo-o pas-

17

sar da área eclesiástica para a esfera da administração pública e, sobretudo, dando-lhe uma base antropológico-cultural. O enfoque legal é o principal referencial desse percurso histórico.

O *segundo capítulo* constitui a parte central e nuclear da pesquisa e, por isto, é também o mais extenso. Trata de religião e cultura. O trabalho consiste em tentar esclarecer que a fonte da religião (entendendo-a como religiosidade) está no próprio ser humano, do qual é o elemento constitutivo fundamental e, por isto mesmo, indispensável ao pleno desenvolvimento de todos os homens e mulheres.

Na última parte, *terceiro capítulo,* voltamos a tratar do Ensino Religioso, confrontando-o com a fundamentação antropológico--cultural, verificando a coerência entre a configuração do Ensino Religioso deduzida dessa fundamentação e a que resulta da legislação vigente. Concluímos a reflexão traçando algumas perspectivas à luz das análises precedentes, como possíveis diretrizes e indicadores de caminho para o Ensino Religioso.

1

Realidade histórico-legal do Ensino Religioso

Ao dirigir agora a reflexão sobre a área específica da educação religiosa em ambiente escolar, entramos em um segmento socioeducativo específico e nos debruçamos sobre uma temática discutida ao longo de séculos em nosso país. Com efeito, a instrução religiosa, como era chamada durante o período colonial e imperial, ou o Ensino Religioso, como é denominado oficialmente desde 1930, sempre constou como matéria escolar, excetuando as quatro décadas da Primeira República.

Antes de 1889, no regime do padroado, em que a Igreja Católica figurava como religião oficial, a instrução religiosa cabia de direito na legislação escolar e na prática educativa. Evidentemente, tal ordenamento legal e sua aplicação eram bastante questionáveis do ponto de vista da liberdade religiosa que a Carta Magna de 1824 registrava como um de seus princípios de convivência social. A instrução religiosa desse período histórico era de índole confessional católica, como fica evidente pelo conteúdo doutrinário de sua programação e a prática religiosa proposta. Seu caráter propriamente educativo pendia para a formação moral.

A caracterização confessional continua presente na legislação até a atual Constituição Nacional, na qual a ressalva restritiva de "matrícula facultativa" do art. 210, § 1, é uma demonstração disso. Tal compreensão continua sendo a da maioria das pessoas quando o assunto é Ensino Religioso.

Com o Decreto 119A, de 7 de janeiro de 1890, dispositivo do Governo Provisório da República, ficou decidida a separação entre Igreja e Estado. Logo a seguir, a Constituição da República dos Estados Unidos do Brasil, de 24 de fevereiro de 1891, declarava o Estado laico, sem conotação e posicionamento de índole religiosa, e promulgava também a liberdade religiosa extensiva a todos os indivíduos e grupos, respeitados os princípios constitucionais de convivência social. Ao mesmo tempo, deixava claro que a laicidade devia perpassar a educação, conforme o enunciado do art. 72, § 6: "será leigo o ensino ministrado nos estabelecimentos públicos". Tal posicionamento dos constituintes pelo caráter laical da educação pública era bem intencional, visto tratar-se do rompimento de um dos liames com o padroado, já extinto pelo decreto referido anteriormente.

A laicidade do Estado e do ensino recebeu diversas interpretações e, por isso, também aplicação diferenciada. Rui Barbosa, redator principal da carta magna republicana, inspirando-se na legislação dos Estados Unidos da América do Norte, admitia o Ensino Religioso confessional na escola pública: "A escola não fornece o Ensino Religioso, mas abre as portas da sua casa, sem detrimento do horário escolar, ao Ensino Religioso, ministrado pelos representantes de cada confissão".[5] Outros líderes republicanos, achegados à prática laicista francesa, baniam o Ensino Religioso da legislação e vedavam sua prática na escola oficial: "A neutralidade é a exclusão do Ensino Religioso na escola".[6] Esta última interpretação prevaleceu largamente, além de alguns próceres terem feito dela um cavalo de batalha anticlerical. Também aqui se nota, mais uma vez, a conceituação de Ensino Religioso

---

[5] BARBOSA, Rui. *Reforma do ensino primário e várias instituições complementares da instrução pública.* Rio de Janeiro, Ministério da Educação e Saúde, 1947, v. X, 1883, Tomo I, p. 309. Obras Completas de Rui Barbosa.

[6] FIGUEIREDO, Anísia de Paulo. *Ensino religioso no Brasil;* tendências, conquistas, perspectivas. Petrópolis, Vozes, 1996. À p. 45, a autora faz esta citação de um discurso de Paul Bert, pronunciado na Câmara Francesa, em 4 de dezembro de 1880.

como uma iniciação e um cultivo religioso em determinada Igreja ou confissão religiosa, tornando-se, por isto, incompatível com a laicidade do Estado, segundo a interpretação mais difundida. Veremos mais adiante que P. Tillich assumiu o *pathos* da humanidade. Com este sentimento que se expressa em um *logos*, o profano é perpassado de religiosidade, ou seja, o religioso está no profundo do profano. Por isto, religião e laicidade coabitam na profundidade do ser humano.

A caracterização confessional motivou os próceres da Igreja Católica a batalhar pela reintrodução do Ensino Religioso na legislação, especialmente na década de 1920 e mais ainda na de 1930. Houve debates muito fortes entre os que pleiteavam a oficialização da educação religiosa escolar e os defensores da laicidade do ensino oficial. Estas diatribes tornaram-se mais fortes com a entrada em cena política, de um lado, dos promotores da Escola Nova e, do outro lado, de pensadores católicos que priorizavam princípios e objetivos educacionais diferentes. Sem aprofundar agora o mérito dessas controvérsias, vale assinalar tão-somente que certas radicalizações, mesmo em aspectos nem sempre fundamentais, continuaram a se repetir em posteriores elaborações de leis, seja nas assembleias constituintes de 1945-1946, de 1965 e 1968 e na de 1987-1988, seja na confecção de leis de diretrizes e bases da educação nacional, concluídas e aprovadas em 1961, 1971 e 1996.

Depois da Segunda Guerra Mundial, tiveram início grandes mudanças sociais, econômicas, políticas e culturais, que ganharam ritmo e intensidade após a reconstrução europeia, com o auge do desenvolvimento do hemisfério norte e com a difusão de ideias e ações que caracterizavam o surgimento de novo paradigma sociocultural chamado de pós-modernidade. Tais mudanças também se fizeram sentir no campo religioso. É no bojo das reflexões a partir desse novo paradigma que podemos assinalar a afinidade de compreensão da religião e do Ensino Religioso com o pensamento de P. Tillich.

Um evento de excepcional importância nas áreas de influência da Igreja Católica foi a realização do Concílio Vaticano, de 1961-1966. Essa assembleia de todos os bispos católicos das cinco partes do mundo propôs-se e procurou levar a efeito a renovação interior dessa instituição duas vezes milenar e dar nova configuração à sua missão no mundo, como serviço à sociedade humana, em fase de mudanças aceleradas e profundas. A Igreja propôs-se estar atenta aos "sinais dos tempos", isto é, às necessidades e possibilidades emergentes no contexto atual, e ser coagente na história contemporânea, no sentido de uma maior humanização das atividades humanas, de valorização das culturas, de promoção do diálogo, do desenvolvimento integral de todos os povos e da construção de paz com base na justiça social. As outras confissões cristãs ocidentais também seguiram por um caminho de renovação.

A partir da década de 1960 iniciou-se um processo de aproximação, para não dizer de reconciliação, sobretudo no Ocidente, entre o profano e o religioso. Tal revisão de posicionamentos ocorreu, evidentemente, em meio a resistências, debates e afrontamentos, que ajudaram a iluminar o caminho a seguir sobre questões de entendimento e sobre dificuldades a superar. Assim, a religião ganhou foros de cidadania, sem caráter impositivo ou de privilégio, com espaço livremente obtido dentro do movimento mundial de afirmação dos direitos humanos, de conquista da autonomia política por numerosos países e de respeito à liberdade individual, da qual a liberdade religiosa é elemento integrante. Todo este processo de ressignificação e reposicionamento se coaduna com as categorias básicas da fundamentação apresentadas mais adiante.

Tendo presentes estes contextos — social, político, religioso e cultural —, em termos mundiais e também de Brasil, cabe situar os *principais dispositivos legais* referentes ao Ensino Religioso em nosso país e sua implementação prática, desde a década de 1930 até o presente. É também oportuno recordar algumas *ações de relevância* concernentes ao Ensino Religioso, praticadas por entidades ligadas à educação, entre as quais se salientam os "Encontros Nacionais de Ensino Religioso" (ENERS), promovidos pela Conferência Nacional dos Bispos do Brasil (CNBB) e as assembleias e seminários do Fórum Nacional Permanente do Ensino Religioso (FONAPER).

Quanto à legislação, merecem destaque os tópicos a seguir.

Em primeiro lugar, o *caráter laico do Estado* republicano declarado pela Constituição de 1891. Esta laicidade estatal é invocada e tomada em referência, de forma clara ou subentendida, em todos os enunciados legais que se referem ao ensino oficial. Esta conotação laical, na conceituação mais difundida, como já visto, geralmente provocava discussões acaloradas quando se tratava de admissão ou exclusão do Ensino Religioso em instrumentos legais ou de introduzir alterações referentes a ele. Os posicionamentos conflitantes, considerados construtivamente, exigiam estudos de aprofundamento dos tópicos em questão e articulações políticas para superação de impasses.

Quais poderiam ser os motivos dos desencontros relativos ao Ensino Religioso? Certamente teve peso relevante a argumentação dos que interpretavam a laicidade oficial de forma restritiva, segundo a qual o Estado moderno progressista é arreligioso, mantém-se neutro em questões religiosas, não privilegia e não se associa a nenhuma confissão e por isso não propõe o Ensino Religioso nas instituições por ele mantidas. Provavelmente tenha havido quem considerasse a religião coisa de pouca importância, não se justificando dar-lhe espaço no ensino. Com certeza, estava em jogo também o respeito à confissão religiosa de cada pessoa e a aplicação igualitária da liberdade religiosa para todas as denominações religiosas. Conhecem-se também posicionamentos aparentemente antirreligiosos, que, na verdade, denotavam serem antes de índole anticlerical.

Estas diversas posições, à luz de uma desejável análise crítica, não se afigurariam como meras hipóteses. Não cabe aqui o aprofundamento deste enfoque crítico. O que elas evidenciam é que o Ensino Religioso tinha a ver com as Igrejas (em particular com a Católica, largamente majoritária no país). O Ensino Religioso era entendido como uma expressão de determinadas confissões. Nele ficava evidente a marca confessional.

O Ensino Religioso foi utilizado também como *argumento político-ideológico*, com destaque em plataformas e programas ou como objeto de debates e de contestação. Sob este enfoque, fez parte de acertos e articulações político-partidárias, transformou-se em material de manipulação nos jogos de poder entre governantes e próceres de diferentes tendências ideológicas e políticas, envolvendo também lideranças de denominações religiosas, especialmente da Igreja Católica. Ficou notório tal uso político da religião, ressaltando o Ensino Religioso em momentos de mudanças de governo ou de golpes institucionais, como o foram a instauração da República e a "Revolução de 1930" e anos subsequentes.

Na década de 1930, o Ensino Religioso foi reintroduzido na legislação, durante o governo provisório de Getúlio Vargas, que buscava o apoio da Igreja. Em troca disso, outorgou o Decreto n. 19.941, de 30/04/1931, firmado também por Francisco Campos, ministro da Educação, dispondo sobre o Ensino Religioso nos cursos primário, secundário e normal. Alguns anos depois, no Rio Grande do Sul, houve entendimento semelhante entre lideranças de várias Igrejas (com atuação destacada de dom João Becker) e o Governo Estadual, presidido por Flores da Cunha, sendo publicado nesta circunstância o Decreto n. 6.024, de 22/07/1935, referente ao Ensino Religioso nas escolas públicas.

24

Depois do Estado Novo, a utilização política do Ensino Religioso passou a ser mais de índole ideológica, enfocando a questão da laicidade. As pressões políticas, referentes à educação religiosa escolar, concentraram-se mais no âmbito da legislação. Ainda hoje existem interpretações divergentes relativas ao Ensino Religioso.

Pesquisas feitas sobre a prática do Ensino Religioso nas escolas revelam que, de forma habitual, até a década de 1970, o conteúdo e a metodologia eram de *índole catequística*. Os livros-texto eram predominantemente catecismos e histórias bíblicas. A partir da década de 1960, apareceram também publicações com nova metodologia, com atenção à psicologia e aos avanços didáticos em curso. A identificação da instrução religiosa como catecismo ou, talvez, como catequese escolar confirmava, assim, o caráter doutrinário confessional do Ensino Religioso, o que dava a seus opositores um argumento de peso.

Nota-se, nos textos legais sobre o Ensino Religioso, uma reiterada atenção à *liberdade religiosa dos alunos e de suas famílias*, com o objetivo de assegurar-lhes liberdade de escolha diante do Ensino Religioso oferecido pela escola. Esta possibilidade de optar era expressa pelas cláusulas: "de acordo com a confissão religiosa da família", "frequência facultativa", "matrícula facultativa". Aliás, esta orientação continua na Constituição de 1988 vigente. Esta advertência faz sentido enquanto o Ensino Religioso tiver o caráter confessional.

Ao concluir as ponderações sobre os aspectos legais referentes ao Ensino Religioso, cabe direcionar a reflexão a algo que pode parecer óbvio, perguntando: por que e para que está o Ensino Religioso na lei? É-lhe atribuída uma *função educativa*? Qual poderá ser sua contribuição específica para a formação dos alunos? Dado seu caráter confessional, ao longo de sua constância na lei, seria seu objetivo limitado a proporcionar uma iniciação religiosa dentro dos parâmetros de determinados credos? Ou torna-se ele um elemento integrante de toda formação e da formação como um todo?

Os textos legais maiores, a Constituição e a LDB, apresentam o Ensino Religioso como "disciplina" escolar, a ser ministrada dentro do "horário normal", concedendo-lhe espaço paritário ao de outros componentes curriculares. Qual terá sido a intencionalidade dos legisladores? Nos estudos e discussões durante as fases de elaboração dos textos aparecem diversos elementos que sinalizam algo do contributo formativo do Ensino Religioso.

Durante a Primeira República e, sobretudo, em sua fase final, destacou-se seu valor para a formação moral, dada a frouxidão das aulas de moral sem religião, oficialmente prescritas. Veja-se, por exemplo, a chamada de atenção feita pelo presidente Artur Bernardes aos congressistas, em sua mensagem presidencial de 1925, sobre o "descaso com que era tratada a educação moral e cívica, a partir da exclusão do Ensino Religioso das escolas, no início da República".[7] Nesse mesmo período, próceres católicos, que propugnavam pela reintrodução do Ensino Religioso na legislação, ressaltavam a importância de uma sólida base religiosa para uma formação moral consistente.

Consultados dentro de um projeto de pesquisa, professores que deram aulas de religião em diversos períodos da República são unânimes em afirmar a importância do Ensino Religioso para a formação integral dos alunos. Consideram-no elemento essencial, fundamental e prioritário. Para eles, esta dimensão formativa do Ensino Religioso prevalece sobre o fato de ele ser ou não um espaço cedido às Igrejas para a formação doutrinal.[8] Este posicionamento sobre o valor imprescindível da educação religiosa fica clarificado pela argumentação no cerne deste trabalho.

---

[7] BAÍA HORTA. In: RUEDELL, P. *Evolução do Ensino Religioso nas escolas oficiais do Rio Grande do Sul.* Unisinos, 1999, Dissertação de Mestrado. p. 120.

[8] Ibid., pp. 131, 161, 219 e 251.

Merece ainda destaque a intervenção do pensador gaúcho Adroaldo Mesquita da Costa, durante as Constituintes de 1934 e 1946, argumentando em favor do Ensino Religioso. Ao contrário do que outros pensavam, sua concepção de Ensino Religioso não extrapolava o âmbito educacional próprio da escola e tampouco se inseria necessariamente na relação Estado–Igreja. Para ele, a instrução religiosa é um elemento indispensável de formação completa dos alunos. Afirmava ele

> não haver educação sólida e verdadeira sem instrução religiosa, não haver moralidade sem religião. [...] De acordo com a orientação dos pedagogos, dignos desse nome, dos estadistas e sociólogos de mérito, afirmamos só ser possível a educação como obra essencialmente religiosa.[9]

Este pensamento de A. M. da Costa marca significativamente a evolução da compreensão do Ensino Religioso, no sentido de ele constituir parte integrante da educação.

Estes exemplos, e outros não citados, deixam perceber que o Ensino Religioso era então entendido como algo diferente e estranho dentro do conjunto das demais disciplinas escolares. As alusões a seu contributo para a formação completa do cidadão eram ocasionais ou partiam de vozes isoladas. Será a partir da intensificação das mudanças socioculturais da década de 1960 e do movimento de renovação eclesial da Igreja Católica, com o Concílio Vaticano II, que o Ensino Religioso, pela reflexão e pela prática, passará por um processo de adaptação à realidade escolar, fazendo da escola seu *habitat* normal. Cabe, pois, agora, elucidar a contribuição da CNBB e do FONAPER para esta nova conceituação do Ensino Religioso.

Os programas de renovação da Igreja Católica no Brasil, organizados pela CNBB a partir da década de 1960, seguindo

---

[9] ANAIS DO CONGRESSO NACIONAL. Constituinte de 1946, 84ª sessão, 14/06/1946, pp. 33-34.

a inspiração do Concílio Vaticano II, também contemplavam sua presença e atuação no campo da educação, especialmente por meio do Ensino Religioso. Este, então, ainda conservava o caráter confessional e, por isto, seguia a orientação das denominações religiosas. Tillich já refletira sobre as mudanças científico-culturais na sociedade, que afetavam as expressões religiosas em geral, antes de 1960, precedendo à revisão católica do Vaticano II.

Convém lembrar, antes de seguir por esta reflexão, que a CNBB tinha por base de sua constituição o princípio da colegialidade episcopal, dentro da visão eclesiológica da Igreja como povo de Deus, e se organizava em nível nacional e por regiões em vista de uma ação conjunta mais eficaz, sem prejuízo da autonomia e da autoridade de cada bispo em sua diocese. Muniu-se de recursos humanos, criou organismos e serviços, elaborou e executou planos e projetos devidamente articulados. Foi o papa João XXIII quem, em reiterada solicitação, na fase preparatória do Concílio Vaticano II, levou os bispos brasileiros a elaborar o assim chamado "Plano de Emergência", situando a ação da Igreja no contexto social, econômico e político do país e do mundo. Seguiram-se depois outros planos.

A presidência e o secretariado da CNBB, exercendo uma coordenação ativadora, visavam à mudança interna da Igreja, seu retorno ao Evangelho e à sua vivência no contexto atual, com atenção aos "sinais dos tempos". Isto significava mudança de mentalidade e de atitudes, novos critérios de escolhas e de decisões referentes à ação evangelizadora própria da Igreja e à sua presença no mundo.

Tendo presente este impulso renovador da Igreja Católica no Brasil, podemos compreender e situar melhor sua contribuição específica para o Ensino Religioso, enfocando-a sob tríplice aspecto: avaliação e reflexão, busca de novos caminhos e participação no processo de redemocratização do país, por ensejo da elaboração da Constituição e da Lei de Diretrizes e Bases da Educação Nacional

(LDBEN). Criou para isto instrumental apropriado: o Secretariado Nacional de Ensino Religioso (SNER), um grupo-tarefa específico que se converteu no GRERE (Grupo de Reflexão do Ensino Religioso), e os Encontros Nacionais de Ensino Religioso (ENERS). Dessa tríplice atividade pode-se reter que o Secretariado Nacional de Ensino Religioso procedeu a um levantamento e a uma análise do Ensino Religioso nas escolas públicas, nomeando, para isto, o grupo-tarefa já mencionado. O resultado saiu publicado no documento n. 49 da Coleção de Estudos da CNBB, sob o título *O Ensino Religioso*.[10] Os estudos feitos então passaram a considerar o Ensino Religioso não tanto a partir das denominações religiosas, como doutrinação, mas antes como um componente escolar e como elemento de educação. Foi o início de uma virada importante.

Este estudo, sob novo enfoque, foi levado adiante e ganhou corpo, de modo a se lhe procurar também uma fundamentação diferente da teológica. Assim, passou-se a considerar, como fonte e base do Ensino Religioso, a tendência ou dimensão religiosa do ser humano, que necessita de desenvolvimento.[11] Vários fatores contribuíram para este novo direcionamento da reflexão, levando a considerar o Ensino Religioso como elemento precipuamente escolar, com base antropológica.

Existia a dificuldade e mesmo impossibilidade prática de se efetuar o Ensino Religioso confessional na escola oficial (e mesmo na particular), na qual se verificava um crescente pluralismo religioso, sem causar afronta à liberdade religiosa ou falta de respeito a alunos de religião diferente da do ensino ministrado. Assim é que, em novembro de 1989, por ensejo da 23ª reunião do Conselho Permanente da CNBB, o Setor de Ensino Religioso deste organismo apresentou uma nota, intitulada "Confessionalidade e o Ensino Religioso", descrevendo a problemática ligada a esse

---

[10] CNBB. *O Ensino Religioso*. São Paulo, Paulinas, 1987. (Col. Estudos da CNBB, n. 49.)

[11] CNBB. *Educação religiosa nas escolas*. 2. ed. São Paulo, Paulinas, 1977, pp. 233-234. (Col. Estudos da CNBB, n. 14.)

caráter confessional.[12] Dois anos depois, dom Vital Wilderink, bispo responsável pelo Ensino Religioso da CNBB, punha em evidência o "caráter questionador e conflitivo" dessa problemática e acentuava a necessidade de "definir, com maior lucidez, a identidade, a pedagogia e a didática do mesmo ensino no contexto da nossa realidade".[13]

Contribuíram, também, para um estudo mais acurado da problemática do Ensino Religioso, e para a compreensão de sua finalidade claramente educativa, as inevitáveis controvérsias que o tal ensino suscitava nos momentos de elaboração de leis de ensino que também contemplassem a educação religiosa. Isto já esteve presente na Constituinte de 1934 e 1945/1946, na tessitura da LDB de 1961 e, mais recentemente, na Constituinte de 1988 e na LDB de 1996. Além de boa dose ideológica e de radicalizações sem suficiente fundamentação, por ambas as partes conflitantes, havia também argumentos válidos da parte dos que se opunham ao Ensino Religioso confessional. Estes desafios não provocaram descrédito ou desânimo em relação ao Ensino Religioso; antes, motivaram um aprofundamento da questão, que ocorreu de forma processual. Os Encontros Nacionais de Ensino Religioso (ENERs) e o Grupo de Reflexão do Ensino Religioso (GRERE), ambos ligados à CNBB, desempenharam uma função capital. Os ENERs eram levados a efeito cada dois a três anos, desde 1974. Deles participavam os coordenadores estaduais de Ensino Religioso das Secretarias Estaduais de Educação e os coordenadores de Ensino Religioso das Regionais da CNBB, procedentes de todo o Brasil.

Neste processo dialético, cabe salientar alguns momentos especialmente significativos.

---

[12] CNBB/Regional Sul 3. *Texto referencial para o Ensino Religioso escolar*. Petrópolis, Vozes, 1996, p. 127.

[13] *Revista de Catequese*, publicação trimestral. São Paulo, Instituto Teológico Pio XI, abr./jun. 1992, p. 3.

1) Na Constituinte de 1987-1988 foi apresentada uma emenda popular pró-Ensino Religioso, com 68 mil assinaturas, com os seguintes termos: "A educação religiosa será mantida pelo Estado no ensino de 1º e 2º graus, como elemento integrante da oferta curricular, respeitando a pluralidade cultural e a liberdade religiosa".[14] 2) Durante o longo percurso de elaboração da atual LDB (Lei n. 9.394/96), o Ensino Religioso foi objeto de muito estudo e acalorados debates.[15]

Entrou em cena, enquanto isto, outro organismo de muita relevância: o FONAPER, instalado a 26 de setembro de 1995, em Florianópolis, por ensejo da comemoração dos 25 anos do Conselho de Igrejas para a Educação Religiosa (CIER), em Santa Catarina. Segundo a Carta de Princípios, então aprovada, esta nova organização apresenta-se como um

espaço aberto para refletir e propor encaminhamentos pertinentes ao Ensino Religioso, sem discriminação de qualquer natureza, e como espaço pedagógico, centrado no atendimento ao direito do educando de ter garantida a educação de sua busca do Transcendente.

Durante seus dez anos de existência, vem buscando acompanhar e subsidiar os professores deste componente curricular, organizando encontros, seminários e cursos, publicando textos e atuando junto a organismos oficiais de ensino.[16]

Convém salientar ainda que, com os ENERS e o GRERE sob o acompanhamento ativo do Setor de Ensino Religioso da CNBB, e ainda com a contribuição da Associação de Educação Católica (AEC) e, depois, com o novo dinamismo do FONAPER, ficou articulado

---

[14] FIGUEIREDO, Anísia de Paulo. *Ensino religioso no Brasil; tendências, conquistas, perspectivas*. Petrópolis, Vozes, 1996, p. 79.

[15] Ver detalhes em CARON, Lurdes (org.). *O Ensino Religioso na nova LDB*. Petrópolis, Vozes, 1998, p. 16.

[16] O FONAPER tem sua sede jurídica em São Paulo. A secretaria está em Blumenau, SC. Caixa Postal 4514, CEP 89052-970.

um movimento pró-Ensino Religioso que influiu junto aos poderes legislativo e executivo, em nível nacional e também estadual. Esta arregimentação foi particularmente decisiva para a modificação do art. 33 da Lei de Diretrizes e Bases da Educação Nacional (LDBEN), em sua primeira versão, publicada em dezembro de 1996. O teor desse artigo tinha sido fruto de um acerto entre seus apoiadores e opositores após longas negociações, mas no qual, com o recurso a uma manobra regimental, foi introduzida a cláusula "sem ônus para os cofres públicos", inviabilizando praticamente sua aplicação. Graças à mobilização nacional e, sobretudo, graças ao aproveitamento da reflexão em andamento nos ENERS e no FONAPER, foi possível a Roque Zimmermann, da Comissão de Educação da Câmara dos Deputados, introduzir, como relator, nas duas casas do Congresso Nacional, e fazer aprovar, quase sem resistência, a Lei n. 9.475, como texto substitutivo do art. 33 da LDBEN e que foi homologada pelo presidente da República a 25/07/1997. O art. 33, modificado por esta lei, fica com o seguinte teor:

Art. 33 – O Ensino Religioso, de matrícula facultativa, é parte integrante da formação básica do cidadão, constitui disciplina dos horários normais das escolas públicas de ensino fundamental, assegurado o respeito à diversidade cultural religiosa do Brasil, vedadas quaisquer formas de proselitismo.

§ 1. Os sistemas de ensino regulamentarão os procedimentos para a definição dos conteúdos do Ensino Religioso e estabelecerão as normas para a habilitação e admissão dos professores.

§ 2. Os sistemas de ensino ouvirão entidade civil, constituída pelas diferentes denominações religiosas, para a definição dos conteúdos do Ensino Religioso.

Estes dispositivos legais dão nova conceituação ao Ensino Religioso. Podemos assinalar-lhe as principais características, algumas claramente expressas na lei, e outras, subentendidas:

O Ensino Religioso (ER) é "de matrícula facultativa".

32

O ER é "parte integrante da formação básica do cidadão". Constitui elemento insubstituível de educação e desenvolvimento pleno da pessoa humana e de construção de uma sociedade justa e solidária.

O ER é "disciplina do currículo escolar", conforme o prescreve a Constituição Federal, que enfatiza tratar-se de uma "disciplina dos horários normais das escolas públicas" (art. 210, § 1). Como tal, insere-se no sistema de ensino e na escola. Seu lugar próprio é a escola. Está sujeito à organização, à didática e a outras características e exigências escolares.

O ER é ministrado com "respeito à diversidade cultural religiosa do Brasil". São-lhe "vedadas quaisquer formas de proselitismo". Por isto, não é catequese ou doutrinação de determinada denominação religiosa. Não se reveste mais de caráter confessional, como vinha sendo desde sua implantação no Brasil.

Os sistemas de ensino são os gestores do ER na respectiva rede escolar e não mais as autoridades religiosas. A eles cabe a responsabilidade de regulamentar os procedimentos para definir os conteúdos do ER. Para isto, "ouvirão entidade civil, constituída pelas diferentes denominações religiosas".

Os sistemas de ensino também "estabelecerão normas para a habilitação e admissão de professores" de ER. O conjunto das disposições da Lei n. 9.394/96, com referência à formação de profissionais da educação, também se aplica à preparação e habilitação dos professores de Ensino Religioso, a serem feitas em nível superior, como norma geral.

Tendo presentes estas características, percebe-se com facilidade que se trata de um *novo* Ensino Religioso. Dirigindo o olhar para o lado externo, percebe-se que ele passa do domínio das confissões religiosas para a área administrativa dos sistemas de ensino e, consequentemente, deixa de ser uma presença das denominações religiosas na escola. Além disso, sendo componente curricular e tendo seu caráter formativo reconhecido, em uma linha de coerência, ele se insere plenamente no ambiente escolar. Considerando seu lado interno e refletindo sobre os elementos que o constituem, em decorrência do novo teor do art. 33, deduzimos que sua fundamentação e seu conteúdo não se referem mais, de forma preferencial, ao saber teológico, mas, sim, ao saber antropológico e às expressões culturais portadoras de religiosidade. Não é mais, e sobretudo não é prioritariamente, uma iniciação e formação de adeptos de determinada Igreja, mas, sim, um elemento indispensável de formação integral dos alunos. É oferecido indistintamente a todos, sem discriminação alguma de qualquer natureza.[17]

O relator da Lei n. 9.475/97, Roque Zimmermann, assim assinala a novidade:

> Pela primeira vez no Brasil se criam oportunidades de sistematizar o Ensino Religioso como disciplina escolar que não seja doutrinação religiosa e nem se confunda com o ensino de uma ou mais religiões. Tem como objeto a compreensão da busca do transcendente e do sentido da vida, que dão critérios e segurança ao exercício responsável de valores universais, base da cidadania. Este processo antecede qualquer opção por uma religião.[18]

O mesmo relator, em sua intervenção, quis prevenir que se tenha deste Ensino Religioso uma compreensão limitada, reduzindo-o à mera transmissão de normas de conduta. Muito mais que isso, segundo ele, trata-se de oferecer ao estudante condições de descobrir e desenvolver o que há de mais profundo e necessário a sua existência em nível pessoal e social. Assim, pelo Ensino Religioso, se visa proporcionar oportunidades

> para que o estudante descubra o sentido mais profundo da existência; encontre caminhos e objetivos adequados para sua

---

[17] RUEDELL, op. cit., p. 283.

[18] ZIMMERMANN, Roque. *Ensino religioso;* uma grande mudança. Brasília, Câmara dos Deputados, Centro de Documentação e Informação, 1998, p. 9.

realização; e valores que lhe norteiem o sentido pleno da própria vida. [...] Trata-se de oferecer ao educando a possibilidade de perceber a transcendência da sua existência e de como isso confere nova dimensão ao seu ser, nele imprimindo uma marca diferenciada para a construção de uma sociedade mais justa, centrada na solidariedade, na defesa e na promoção integral da vida.[19]

Esta acepção de Ensino Religioso está ainda em processo de ser devidamente compreendida e de receber a correspondente aplicação. É oportuno lembrar aqui a similaridade desta concepção com o ensaio desenvolvido no capítulo seguinte.

Outra documentação oficial merece destaque. Trata-se do posicionamento da Câmara de Educação Básica do Conselho Nacional de Educação (CEB/CNE), Parecer CEB n. 04, de 29 de janeiro de 1998, homologado pelo ministro da Educação e do Desporto em 27 de março de 1998, e da Resolução n. 02, de 7 de abril de 1998, da CEB/CNE, publicada em 15 de abril de 1998, que instituem as Diretrizes Curriculares para o Ensino Fundamental. Na relação das áreas de conhecimento a constarem nas propostas curriculares das escolas, também consta a *educação religiosa (na forma do art. 33 da LDB)*.[20] Esta área de conhecimento constitui--se disciplina escolar como Ensino Religioso e como campo de pesquisa nas instituições de ensino superior.

Se a CEB/CNE, ao interpretar as leis, definiu o Ensino Religioso como área de conhecimento a constar nos planos de estudo da educação básica, procedimento similar não ocorreu na Câmara de Educação Superior deste mesmo Conselho (CES/CNE), que se posicionou desfavoravelmente à formação de docentes desta área por cursos de licenciatura. As considerações dos relatores atêm-se a uma compreensão tradicional de Ensino Religioso, como algo próprio das confissões religiosas, e revelam um manifesto

---

[19] Ibid., p. 9.
[20] CEB/CNE, Resolução n. 02/98, item IV, b), publicada no D.O.U. de 15/4/98 – Seção I – p. 31.

desconhecimento do art. 33 da LDB, reformulado pela Lei n. 9.475/97. Deixam, entretanto, bem claro que sabem da existência dessa lei, pois recorrem a seus dois parágrafos para remeter esta questão aos sistemas de ensino. Ao mesmo tempo, ignoram o *caput* no qual, justamente, se encontram os elementos renovadores.[21]

Bastariam, como exemplificação, os posicionamentos destas duas Câmaras do CNE para evidenciar que o Ensino Religioso, em sua nova acepção, está longe de ser devidamente compreendido e aceito como tal. Diante disto, cabe perguntar: qual é a consistência dessa nova conceituação? Quais são seus fundamentos? Pode-se sustentar que o teor do art. 33 da LDB, reformulado, expressa um *novo* Ensino Religioso? De fato, não há consenso quanto ao sentido exato do texto. Sobretudo, ele ainda é desconhecido – talvez, dito melhor, não é ainda estudado na maioria das instituições de ensino superior.[22] É um texto provocador que requer estudos e aprofundamentos.

Para uma melhor compreensão e para estabelecer linhas de aplicação do "novo" Ensino Religioso, o Fórum Nacional Permanente de Ensino Religioso (FONAPER) elaborou, em encontros nacionais e com a ajuda de especialistas, os Parâmetros Curriculares Nacionais para o Ensino Religioso (PCNER). E, tendo como tema a "Capacitação profissional para o Ensino Religioso", promoveu oito seminários nacionais, com a participação de professores universitários,[23] e um congresso internacional, centrado sobre psicologia da

---

[21] Conselho Nacional De Educação. Parecer n. CP 97/99, aprovado em 6/04/99, sendo relatora Eunice R. Durham e co-relatores Lauro Ribas Zimmer, Jacques Velloso e José Carlos Almeida da Silva. O Parecer foi homologado em 14/5/99 e publicado no D.O.U. em 18/5/99, Seção 1, p. 11.

[22] Contatos, por telefone, com as instituições de ensino superior do Rio Grande do Sul, levados a efeito nos meses de março e abril de 2003, para fazer um convite de participação em um seminário para docentes universitários, revelaram que o Ensino Religioso em sua nova acepção ainda é bastante desconhecido.

[23] FONAPER: Seminários sobre Capacitação de Professores de Ensino Religioso – *1º Seminário*: 26 pessoas de 22 universidades, em 20/5/97, em São Paulo-SP. Objetivo: discutir e encaminhar sistematicamente a formação do profissional de Ensino Religioso. *2º Seminário*: em Brasília-DF, entre os dias 4 e 7 de agosto de 1997, 119 pessoas de 19 universidades. Tema específico: Processo de habilitação dos professores do Ensino Religioso e assuntos correlatos. *3º Seminário*: 127 participantes de 29 universidades, dias 27 a 29/10/1997, em Curitiba-PR. Assunto: Encaminhamento das áreas temáticas de capacitação do

religião, em parceria com a Unisinos, de São Leopoldo – RS. Estes eventos culturais contribuíram significativamente para a efetivação desta disciplina em salas de aula e, de modo especial, para a preparação de professores. Com o esforço conjugado de muitos, foram elaboradas as "Diretrizes Curriculares dos Cursos Superiores na Área do Ensino Religioso". Nesta perspectiva, foram definidas cinco áreas de conhecimento: fundamentos epistemológicos do Ensino Religioso; culturas e tradições religiosas; teologias; textos sagrados, orais e escritos; e *ethos*.

O Ensino Religioso anteriormente delineado, com base sobretudo antropológica e conteúdo precipuamente cultural, constitui uma área de saber ainda em fase de construção. A *literatura existente* que dela trata especificamente é muito reduzida. Além da reflexão nos seminários apenas lembrados e de estudos por parte de docentes universitários que lecionam em cursos de formação de professores para o Ensino Religioso, poderíamos elencar os títulos da coleção "Ensino Religioso — Fundamentos", da Editora Vozes, e uma série de livros do FONAPER, alguns publicados, outros no prelo, redigidos por professores acadêmicos e que abordam aspectos bastante centrais. Também merecem destaque os livros da coleção "Ensino Religioso Fundamental", de autoria de Maria Inês Carniato, recentemente revistos e atualizados, publicados por Paulinas Editora, que além deles ainda edita a revista *Diálogo* –

---

profissional do Ensino Religioso. *4º Seminário*: 67 pessoas, em Blumenau-SC, no Campus da FURB – Universidade Regional de Blumenal, de 10 a 11 de novembro de 1998. Objetivo: discutir e encaminhar a implementação das áreas temáticas do Ensino Religioso: teologia comparada; textos sagrados orais e escritos; fundamentos pedagógicos do Ensino Religioso (pedagogia, didática, metodologia). *5º Seminário*: 150 participantes, em Teresina-PI, de 16 a 18/03/1999. Objetivo: discutir e encaminhar a implementação da área temática: culturas e tradições religiosas. *6º Seminário*: 16 e 17 de maio de 2000, em Santos-SP, em parceria com a Universidade Católica de Santos. *7º Seminário*: dias 15 e 16 de maio de 2001, na PUC-PR, participantes de 15 regiões do país, presença de autoridades do ensino do Paraná e do CNE/CEB na pessoa do professor Aparecido Cordão. Objetivo: discutir as políticas de formação docente para o Ensino Religioso na realidade brasileira e as diretrizes para a formação de professores de educação básica e Ensino Religioso. Relatos de experiências. *8º Seminário*: dias 24 a 26 de setembro de 2003, em Maceió-AL, com participantes de 25 estados do país. Temática central: O Ensino Religioso, uma área de conhecimento para a formação do cidadão, sob os enfoques de: epistemologia, legislação e estrutura de capacitação docente. Houve também a participação do Prof. Dr. Francisco Aparecido Cordão, do Conselho Nacional de Educação / Câmara de Educação Básica. Fonte: Secretaria do FONAPER – Relatórios dos Seminários.

uma excelente propagadora do Ensino Religioso atual, destinada a professores e estudiosos.

As áreas de saber afins, nas quais o Ensino Religioso busca elementos para seu próprio domínio, possuem uma grande riqueza de estudos e publicações. É imensa a bibliografia que trata da religião em seus mais variados aspectos. Na sociologia, há muitas obras enfocando a religião. O mesmo se pode dizer da psicologia. A etnografia contém vasta fonte de informações de índole religiosa. Também a história e a geografia dispõem de valiosos elementos para a área do Ensino Religioso. A filosofia, de modo especial, oferece argumentação sobre esta questão. A nova física, junto com a astronomia e a microbiologia, conduzem a um inusitado filão religioso. Os cientistas da religião projetam-se dentro do cenário de saberes interligados. A ética encontra uma revitalização de seus princípios no *ethos* originante, quando as crenças faziam parte do cotidiano. Os psicólogos de maior profundidade não deixam de reconhecer a existência do sagrado na realidade humana. Trataremos mais adiante das expressões religiosas nas culturas.[24]

Resumindo: a área de saber do Ensino Religioso, enquanto nela se enfoca especificamente o aspecto religioso, pode dispor de elementos já bem elaborados em variados campos do saber. Mas quando se trata de considerar, de forma global e integrada, os componentes desta área, isto é, a religião (ou religiosidade,

---

[24] De relance, eis um breve elenco de autores dessas áreas afins (conferir a bibliografia no final), pensadores, com *enfoques filosóficos* da religião: M. Heidegger, 1991; G. W. F. Hegel, 1980; F. Schleiermacher, 2000; J. Mannes, sobre são Boaventura, 2002; W. Paden, diversas abordagens, 2001. No campo da *ciência da religião* e da *fenomenologia religiosa*: G. van der Leeuw, 1933; M. Eliade, 2001 e 2002; R. Otto, Das Heilige, 25ª ed.; M. Meslin, 1992; A. Torres Queiruga, 2003; R. Alves, 1988 e 1992. *Abordagens psicológicas*: S. Freud, 1987; C. G. Jung, 1995; V. Frankl, 1992; C. Taylor, 1997; H.-J. Fraas, 1997. *Sociologia religiosa*: M. Weber, 2004; E. Durkheim, 2000; S. Martelli, 1995; J. Bittencourt Filho, 2003; D. Ribeiro, 2004; F. Teixeira, 2003. *Nova física*: H. Maturana e F. Varela, 1997; J. Guitton, G. Bogdanow & I. Bogdanow, 2000; F. Capra, 2003 e 2004. *Princípios éticos*: M. Vidal, 2000; B. Häring, 1999; A. R. Santos, 1997; N. Agostini, 2002; L. Boff, 2003. *Contribuições teológicas*: K. Rahner, 1989; E. Schillebeeckx, 1994; D. Edwards, 1995; J. B. Libânio, 1990; Comissão Teológica Internacional, 1997. *Cultura e religião – antropologia cultural*: E. Cassirer, 2001; C. Geertz, 1998; D. Harvey, 1993; S. Hall, 1997.

termo mais difundido aqui no Brasil) e suas expressões culturais voltadas para a educação, então a literatura é bem incipiente.

De fato, uma coisa é conhecer os mais variados aspectos religiosos na história humana do passado e do presente, com sua riqueza patrimonial e as deploráveis ambiguidades e degenerescências religiosas, apresentadas segundo a finalidade e a metodologia próprias da respectiva área do saber. Com esta visão objetivante, o fenômeno religioso pode ser estudado por diversas ciências, tais como sociologia, etnografia, psicologia, geografia, história e outras, ficando seus resultados confinados e disponíveis no respectivo campo, sem, contudo, terem sido refletidos e estruturados para fins educativos ou sem uma seleção de temas que poderiam também fazer parte da área de saber do Ensino Religioso.

Outra coisa é enfocar o fenômeno religioso enquanto experiência religiosa de pessoas inseridas em um processo de educação. Neste caso, podem os participantes auscultar, no seu íntimo, intencionalidades, motivações e desejos profundos, discernindo neles um dinamismo que emana de uma fonte interior. Esta realidade profunda do ser humano é a dimensão religiosa, que se expressa e apresenta sob variadas formas culturais. Esta interioridade não pode ser descuidada e muito menos esquecida no cultivo da personalidade humana. Nesta perspectiva de educação, associa--se a experiência religiosa em curso ao vasto patrimônio cultural--religioso da humanidade, integrando e direcionando tudo para o desenvolvimento individual e social.

Com a pesquisa e estudo destas duas vertentes — a experiencial e a científica enquanto dirigidas e organizadas para a educação —, está sendo construída a nova área de saber do Ensino Religioso. Os conhecimentos religiosos de procedência científica, quando abertos e integrados à realidade viva da experiência religiosa que emerge da dimensão religiosa do ser humano, extrapolam seu restrito confinamento científico e contribuem, sob forma nova, para a educação.

2

Ensaio de uma fundamentação antropológico-cultural da religião

No início da década de 1960, Paul Tillich fez uma análise da situação do homem de então na sociedade moderna, com especial atenção à religião. Ao contextualizar seu pensamento, referiu-se a duas manifestações aparentemente opostas: o despertar generalizado de interesse por questões religiosas e, ao mesmo tempo, um esvaziamento dos símbolos religiosos tradicionais ligados às religiões históricas do Ocidente. Procurando responder ao questionamento de tais expressões, fez a seguinte afirmação: "O elemento decisivo na situação atual do homem ocidental é a perda da dimensão de profundidade".[1]

A "dimensão de profundidade" é uma metáfora que, quando aplicada à carência ou perda de vida espiritual como nesta citação, significa que o homem não pergunta mais sobre o sentido da vida, não está disposto a perguntar-se com seriedade sobre sua origem e destinação e nem de ouvir falar sobre tais questões de profundidade existencial. Na acepção positiva, "dimensão de profundidade" no ser humano refere-se à dimensão religiosa. "Ser religioso significa perguntar-se de modo apaixonado pelo sentido da vida e estar aberto à resposta, ainda que nos abale

---

[1] TILLICH, Paul. *Die verlorene Dimension; Not und Hoffnung unserer Zeit.* Hamburg, Furche-Verlag H., 1962, p. 8.

profundamente".[2] A religião como dimensão de profundidade é "o ser do homem e da mulher enquanto comprometidos com o sentido da vida e da existência como tal".[3] É tarefa da educação desenvolver esta realidade espiritual profunda, ajudando os humanos a orientar sua vida para aquilo que os realize de maneira duradoura, dando resposta aos desejos que brotam de seu íntimo e se efetivam no encontro de amor.

Com esta compreensão de dimensão de profundidade, "religião consiste em alguém ser tocado ou possuído por algo que lhe concerne de modo incondicionado".[4] Muitos homens, segundo isto, são religiosos porque se sentem tocados por algo de maneira incondicional e levam a sério o sentido de sua vida, ainda que vivam afastados de toda institucionalização religiosa, por considerarem que aquilo que os toca profundamente não o podem expressar nessas instituições. A ânsia de profundidade, diante de estruturas religiosas inadequadas, pode estar na origem de movimentos de reviviscência religiosa, significando tentativas de recuperar o que foi perdido pelas instituições religiosas tradicionais. Cabe aqui uma insistência de Tillich: "Se quisermos compreender a situação do homem atual, devemos partir da religião na sua compreensão essencial e não de uma religião [institucional] específica, e nem mesmo do cristianismo".[5] Ao mesmo tempo, importa considerar o contexto cultural e discernir nele expressões de religiosidade claramente manifestas, ainda que de forma ambígua, ou ocultas sob roupagem profana.

A perda de profundidade pode estar ligada ao modo como o homem se relaciona com o mundo e consigo mesmo. O fato de ele submeter o mundo pela ciência e técnica gera na sociedade

---

[2] Ibid., p. 8.

[3] Ibid., p. 9.

[4] TILLICH, Paul. *Die Frage nach dem Unbedingten; Gesammelte Werke*, Band V. Stuttgart, Evangelisches Verlagswerk, 1964, p. 22.

[5] TILLICH. *Die verlorene...*, pp. 8-9. Observação: o adjetivo [institucional], que não está no original, consta aqui para uma melhor compreensão do pensamento do autor.

42

industrial e pós-industrial uma pressão para avançar em direção horizontal. A vida humana não se desenvolve mais na dimensão da profundidade, mas na da horizontalidade. Nesta direção, pelos contínuos avanços e conquistas, os limites humanos parecem desaparecer e beirar o infinito. Em seu caminhar pelo tempo e espaço, impelido pela pressão de progresso, o homem transforma o mundo ao redor de si em utilidades e ferramentas. Esta transformação atinge a ele mesmo, convertendo-se ele próprio em ferramenta, sem saber para que ela serve. Um exemplo desta falta de profundidade ocorre na vida cotidiana, em que cada instante é preenchido por algo a fazer, a dizer, a ver ou a ser planejado. Nesta situação, o homem não pode experimentar sua própria dimensão profunda, a não ser que pare para pensar em si mesmo.

Somente ao deixar de lado o cuidado pelo momento seguinte, pode o homem vivenciar de maneira plena o momento presente, quando, então, desperta nele a pergunta pelo sentido da vida. Mas enquanto ele não retirar de si a preocupação pelo provisório e fugaz, o cuidado pelo eterno nele não terá vez. Aqui está o motivo mais profundo da perda da dimensão de profundidade em nosso tempo.[6]

O pensamento tillichiano serve de referência principal para a elaboração da fundamentação centrada sobre a religião. O desenrolar da presente reflexão é conduzido sob o enfoque antropológico e cultural, dentro de uma compreensão de *autopoiese*. Tal perspectiva abrange toda realidade cósmica e biológica, incluindo, evidentemente, também a humana. Situando-se em uma antropologia fundamental, em suas diversas vertentes psicológico-sociais e filosófico-teológicas, o enfoque cultural é privilegiado enquanto expressão de criações humanas e de explicitação do implícito. Esta abordagem, de tendência teonômica, não se desenvolve em um círculo fechado sobre si mesmo, mas tende a transcender para além

---

[6] Ibid., pp. 10-12.

das contingências de todo o existente, o que justamente constitui o caráter religioso de toda cultura. Assim, religião e cultura são indissociáveis. Visando, porém, a maior clareza do significado que lhes é atribuído, a primeira abordagem abrange ambos os termos de forma sucessiva e breve. Depois, no corpo do trabalho, a reflexão é orientada de modo a integrar os dois aspectos, mantendo-os, contudo, distintos, interdependentes e correlacionados em dois polos. Assim, na primeira parte, a religião é tratada em sua fonte de emergência no profundo do ser humano, do qual é elemento constitutivo essencial. Em seguida, depois de conceituar cultura, as duas partes são inseparavelmente relacionadas, na busca de elementos que justifiquem e deem consistência a uma educação que atenda ao pleno desenvolvimento de homens e mulheres, incluindo a dimensão religiosa.

Dimensão religiosa do ser humano

O profundo do ser humano é a dimensão religiosa, com a qual sintonizamos quando algo nos toca incondicionalmente. Para nos ajudar a compreender esta realidade profunda, Tillich assevera:

> Como todos os seres vivos, o homem se preocupa com muitas coisas; sobretudo com coisas necessárias, como alimento e moradia. Mas à diferença de outros seres vivos, o homem também tem preocupações espirituais, isto é, estéticas, sociais, políticas e cognitivas.[7]

Algumas destas preocupações podem ser urgentes e impres-cindíveis, tornando-se insistentemente apelativas, significando para as pessoas envolvidas algo de *suprema concernência*. Outras, em sentido contrário, podem ser suscitadas por interesses de terceiros e por jogos de poder, não correspondendo a reais necessidades.

---

[7] Tillich, Paul. *Dinâmica da fé*. Trad. Walter O. Schlupp. 5. ed. São Leopoldo, Sinodal, 1996, p. 5.

Assim, a absolutização do mercado, a busca obsessiva de projeção pessoal, a ostentação desmedida e opressiva de poder podem denotar manipulação do filão religioso e desvirtuamento de sua energia latente no ser humano. Com isto de saída, fica posta em evidência a complexidade do campo religioso e a ambiguidade que nele se verifica.

Esta reflexão, enfocando a dimensão religiosa como elemento constitutivo do ser humano, é feita com diferentes ênfases e olhares que se complementam unitariamente. O religioso é o que há de mais profundo e basilar na multidimensionalidade da vida.

1. A religião como experiência do sagrado na profundidade e totalidade do ser humano e que perpassa a história da humanidade

Imerso na vida e com os pés na realidade concreta, Tillich valoriza a experiência[8] no desenvolvimento de sua reflexão, mantendo abertura com diversos campos do saber, aos quais recorre, integrando-os em sua argumentação. É especialmente como filósofo e teólogo que articula seu discurso. Parte do pressuposto teológico de que existe um *encontro especial com a realidade*, ou melhor, um modo especial com que a realidade nos toca, que chamamos de "religioso". Este toque especial no encontro religioso com a realidade dá-se na profundidade do ser humano como sendo algo de derradeiro valor ou de *suprema concernência* (*letztgültiges Anliegen*). O que há de primordial e fundamental na tomada de

---

[8] Para Tillich é importante distinguir os diversos modos de se compreender a *experiência*, do ponto de vista teológico. Segundo ele, alguns teólogos a compreendem como experiência humana comum, a partir da qual, por via dedutiva (*Schlussfolgerung*), pretendem alcançar o objeto da religião. Para outros, ela significa a experiência religiosa da humanidade e procuram compreendê-la por empatia (*Einfühlung*). Às vezes, também se trata da experiência religiosa do próprio teólogo e do grupo ao qual pertence, e esta experiência lhe fornece o conteúdo para uma teologia "empírica". Em outros casos, considera-se a experiência como intuição ontológica (*Korrelationen*, p. 19).

45

consciência do *religioso* nesta realidade é a consciência de que *algo me toca de modo incondicionado.*[9]

Este toque especial no contato com a realidade pode ser considerado sob *dupla perspectiva.* De forma *objetiva,* como a de um *filósofo da religião,* que reconhece neste encontro religioso um acontecimento entre outros. Descreve-o como algo que pode tocar as pessoas de modo absoluto e descobre nele um impulso que, na história das religiões, transparece em quase todas as representações de formas, símbolos e práticas de índole religiosa. Enquanto filósofo, os fatos religiosos não o tocam pessoalmente. A segunda perspectiva de contemplação é *subjetiva,* como a de um *teólogo* que, ao interpretar o fenômeno religioso como derradeiro valor, envolve-se existencialmente e sente também este toque especial do religioso. Assim, o fenômeno religioso analisado vem a ser, para ele, uma experiência do incondicionado como algo que lhe diz respeito como supremo valor.[10]

Para Mircea Eliade, o sagrado manifesta-se não apenas *nas* coisas cotidianas, mas *por intermédio* delas. Na hierofania (irrupção do sagrado), um objeto qualquer se torna "outra coisa", sem contudo deixar de ser ele mesmo. Geralmente, para aquele que experimenta o *sopro religioso,* toda a natureza pode manifestar-se como sacralidade cósmica. É interessante verificar que Eliade tem aqui uma compreensão parecida com a de Tillich: o "sopro religioso" do primeiro, correspondendo ao "toque religioso" do segundo, pode dar-se nas pessoas em relação a qualquer coisa.[11]

Ao falar do elemento positivo no método teológico, Tillich explica um dos sentidos da expressão *letztgültiges Anliegen,* que aqui é traduzida por "suprema concernência". Ele a descreve

---

[9] TILLICH, Paul. *Korrelationen;* Die Antworten der Religion auf die Fragen der Zeit. Stuttgart, Evangelisches Verlagswerk, 1975. pp. 20-21.

[10] Ibid., p. 21.

[11] ELIADE, Mircea. In: MARTELLI, Stefano. *A religião na sociedade pós-moderna;* entre secularização e dessecularização. Trad. Euclides Martins Balancin. São Paulo, Paulinas, 1995, p. 144.

como uma concernência *concreta* (*Das letztgültiges Anliegen ist ein konkretes Anliegen*). Não se trata, pois, de uma abstração. E insiste em que mesmo a mística precisa de tradições e símbolos concretos para poder expressar aquilo que transcende o concreto. E a teologia tem a tarefa de explicar os símbolos, as ideias e as instituições em que a derradeira-concernência-de-valor se incorporou.[12]

Com referência ao toque religioso sentido pela pessoa, Tillich diz que este toque acontece no seu íntimo, na dimensão religiosa, e é provocado por algo que provém da realidade interior de coisas e de acontecimentos, ou seja, da "raiz do ser das coisas". Este estar possuído por algo religioso é inspirador e eloquente, isto é, "fala"; envolve a pessoa como um todo e a "prende": "Do lado subjetivo, o religioso[13] é a possessão de alguém por algo que o leva a sair da mera objetividade das coisas e penetrar no seu nível mais profundo, onde a raiz do ser das coisas toca o homem, fala com ele e o prende".

A contemplação de uma bela paisagem, um sorriso amigo, uma cena horrenda, uma notícia de jornal e mesmo um fato corriqueiro do cotidiano podem nos tocar, alegrar-nos, entristecer-nos, entusiasmar-nos, ser portadores de mensagem, tirando-nos do indiferentismo diante de tais situações e eventos. Na citação anterior, nosso autor referencial alude a uma outra modalidade de experiência religiosa, mais profunda e envolvente, que lembra a dos místicos: "Em casos mais elevados [esta experiência] pode ir até o êxtase".[14]

---

[12] Tillich. *Korrelationen...*, p. 23.

[13] "O religioso", no original alemão "das Religiöse". Tillich emprega aqui o adjetivo substantivado "o religioso". Geralmente usa o termo "religião" tanto para significar a dimensão religiosa do ser humano – no Brasil, neste caso, costuma-se dizer "religiosidade" – quanto para referir-se à instituição religiosa ou às religiões. Para distingui-las melhor, utiliza, para o primeiro caso, a expressão "religião no sentido amplo" e, para o segundo, "religião no sentido restrito".

[14] Tillich. *Die Frage nach dem Unbedingten...*, p. 27. Mais adiante será abordada a questão do "*a priori* religioso" ou "*a priori* místico".

Esta experiência religiosa não é privilégio de alguns, mas todos os homens e mulheres têm acesso a ela e isso pode dar-se em meio a ocupações e fatos que poderíamos chamar de profanos, sem aparência religiosa e desconectados de instituições sagradas. Tillich esclarece:

> Quando, pois, o ser humano, no chão de sua vida cultural autônoma, no ato de conhecer, de negociar ou de não importa o que, indo ao encontro da incondicionalidade, vivenciar este momento sagrado de ser possuído por este algo, até o ponto de ele mesmo não poder mais se esquivar e em que para ele se trata de ser e não ser, então ele se depara com o religioso no chão da cultura moderna que se apresenta como autônoma.[15]

Outro esclarecimento sobre a compreensão de "suprema concernência", Tillich o oferece ao falar da *revelação divina*. Procura evitar falsas interpretações eivadas de sobrenaturalismo e naturalismo que ocorrem facilmente quando se apresenta esta revelação como a transmissão sobrenatural de um conhecimento. Para ele, a revelação divina apresenta-se como toque religioso do Incondicionado[16] na profundidade do ser humano, ou seja, segundo suas palavras textuais:

> Revelação é a manifestação do último fundamento do ser e do sentido da vida humana (e implicitamente de toda a vida). Ela não é uma questão de conhecimento objetivo e de pesquisa empírica e nem o resultado de uma perquirição lógica. Ela é algo que nos concerne de modo absoluto, algo que afeta nossa pessoa em sua

---

[15] Ibid., p. 27. Tillich, situando-se no contexto da década de 1960, denomina "religião autônoma" a religiosidade presente em realidades e empreendimentos que aparentemente nada têm a ver com a religião ou mesmo se opõem a instituições e movimentos manifestamente religiosos. Ainda que as expressões, ou antes, os ocultamentos do sagrado na "religião autônoma" dessa época tenham mudado, a reflexão do autor continua válida hoje.

[16] Cabe esclarecer que, em *linguagem antropológico-cultural*, Tillich não nomeia os seres divinos, mas refere-se a eles pelas expressões "Incondicionado", "Absoluto". Outros autores empregam "Transcendente". Esta terminologia situa o pensamento dentro dos condicionamentos humanos mas aponta para além desses limites. Em *linguagem teológica*, que é usada no discurso de fé religiosa, as divindades recebem nomes de acordo com a respectiva confissão: Deus, Javé, Alá, Shiva, Vishnu, Kamis, Tupã etc.

totalidade e nos fala por meio de uma série de símbolos [...] Ela acontece onde quer.[17]

Sendo a revelação divina algo que concerne à totalidade de nossa pessoa, resulta que só pode discorrer apropriadamente sobre esta experiência reveladora quem a viver de modo pessoal. Por isto, Tillich continua: "Mas só podemos falar dela quando se torna uma revelação para nós, quando dela tomamos conhecimento existencial". Contudo, a teologia não vai ocupar-se especificamente desta experiência como tal, mas tomará como objeto e conteúdo próprios a revelação divina intermediada pela experiência, pois, segundo Tillich, "o que se torna o conteúdo da teologia não é a experiência em si, mas a revelação que acolhemos em nossa experiência".[18] A revelação divina acontece, pois, no "cerne do ser", na profundidade humana, no nível do religioso, e é direcionada para dar sentido à vida. Não é fruto de uma teoria, não pode ser objeto de uma pesquisa empírica e não se enquadra em um conhecimento objetivo. Antes, é uma manifestação do Incondicionado no fundo de nossa consciência, onde a experienciamos como algo que nos concerne de maneira total e absoluta.

Estudos feitos em diversas áreas da história humana comprovam que os homens deixaram sinais de relacionamento com o Absoluto, ou seja, sinais de crença em realidades de um mundo que está situado fora e além de seu cotidiano. Para Rudolf Otto, trata-se do encontro com o sagrado (*das Heilige*); para P. Tillich, encontro com o Absoluto-em-si (*Absolute Selbst*). Este encontro com o Absoluto transcende os elementos de *absolutidade* que se verificam no domínio do cognitivo, volitivo-moral, estético e político-social, quando estas potencialidades humanas, voltadas para o Absoluto, efetuam um encontro com a realidade. Para R. Otto, conforme apresentação de S. Martelli:

---

[17] TILLICH. *Korrelationen...*, pp. 28-29.
[18] Ibid., p. 29.

A religião não consiste apenas de afirmações racionais e de preceitos morais: o divino não é somente espírito, razão, vontade, onipotência, bondade, imensidade etc. No divino há um aspecto inefável, percebido pelo sentimento como realidade sagrada; esta constitui o fundamento meta-racional da própria religião.[19]

Damo-nos conta de que este fenomenólogo distingue a religião como instituição, em que há "afirmações racionais" e "preceitos morais", da experiência do divino, percebido primeiramente pelo sentimento. Ou seja, distingue a religião como instituição da religião como experiência do numinoso na realidade íntima, em que tal experiência do sagrado é percebida como mistério tremendo e fascinante.

Este encontro com o Absoluto não se restringe à experiência dentro de uma determinada instituição religiosa e nem se limita necessariamente à experiência direta com o divino, mas pode dar-se em cada indivíduo nas mais diversas circunstâncias. Segundo Tillich, "para cada pessoa existe algo que lhe é sagrado, mesmo para aquele que nega a experiência do sagrado".[20] Explicando esta afirmação, diz que a religião, em sentido amplo ou no sentido de religiosidade, manifesta-se como dimensão do Incondicionado nas diversas funções do espírito humano. Assim compreendida, ela é a "dimensão da profundidade, da profundidade inexaurível do ser, que se mostra de forma indireta nestas funções". O sagrado não se manifesta diretamente nestas funções. Percebemos diretamente aquilo que é próprio a elas. "De forma direta, encontramos no domínio dessas funções [...] algo da verdade, do imperativo moral da justiça e do vigor expressivo da estética", diz Tillich. Mas, na busca da verdade, na tomada de decisões justas e na efetivação de expressões estéticas, está presente o sagrado, ainda que de

---

[19] Cf. OTTO, R. Il sacro. c.II-IV. In: MARTELLI, Stefano. *A religião na sociedade pós-moderna; entre secularização e dessecularização.* Trad. Euclides Martins Balancin. São Paulo, Paulinas, 1995. p. 140.

[20] TILLICH. *Korrelationen...,* p. 63.

forma indireta; ele "está como que escondido no profano e é reconhecido como sagrado, nas estruturas do profano".[21]

Exemplificando, podemos encontrar traços de *absolutidade* e abrir caminho para o Absoluto-em-si (*Absolute Selbst*) no encontro estético com a realidade. Ao apreciar uma obra de arte com critérios objetivos, podemos avaliar seu valor artístico e perceber nela também algum elemento absoluto, uma vez que expressa algo da realidade última incondicional. Ela apresenta uma realidade finita que, pela força criativa do artista, faz transparecer a realidade incondicionada. Isto faz de todas as grandes obras de arte uma fonte inesgotável de sentido. Na arte criativa, que aponta para algo além da obra em si, está presente o absoluto e nela permanece, não obstante as variações de estilo e de gosto.[22] Este encontro estético com a realidade será retomado a seguir, na parte que trata da relação entre cultura e religião.

No percurso das reflexões feitas, percebemos um caminho ascendente, da realidade finita para o Absoluto-em-si. Nas potencialidades humanas do cognitivo, do volitivo, ou decisão moral, e do estético, com as quais enfocamos o encontro com a realidade, descobrimos fatores de absolutidade em meio a elementos relativos. Podemos discernir como fatores de absolutidade na experiência do cognitivo: a consciência de si próprio, a estrutura lógica do entendimento, o conhecimento direto das coisas, a capacidade universal de fazer abstração e de construir universais e ainda as estruturas do ser, tais como: categorias, formas intuitivas, polaridades indicadoras do ser e transcendentais. No caráter absoluto do imperativo moral, que consiste em reconhecer cada pessoa como pessoa, enquadra-se o princípio absoluto da justiça e, de modo especial, o princípio do amor/ágape, que engloba e transcende

---

[21] Ibid., p. 63.
[22] Ibid., p. 60.

a justiça, une o relativo e o absoluto e, ao mesmo tempo, entra na situação concreta singular.[23]

Em cada um desses fatores, que contêm algo de absoluto e operam em meio às coisas relativas, descobrimos um ponto que sinaliza para além delas, para o Absoluto-em-si (*das Absolute--Selbst*), que experimentamos como sagrado. No domínio cognitivo, denominamos este ponto o fundamento do Ser (*der Grund des Seins*); no domínio moral, o Bem-em-si (*das Gute Selbst*). Dito de outra forma, no universo das relatividades percebemos algo de absoluto que aponta para o Absoluto-em-si (*Absolute-Selbst*). Este Absoluto-em-si, quando contemplado a partir da fé ou de crenças, pode receber diferentes nomes, como: Deus, o Uno, Brahman--Atma, Destino, Natureza, Vida. Mas, nesta reflexão, o absoluto não é um ente absoluto, mas o Ser-em-si (*Sein-Selbst*), situado, metaforicamente falando, no limiar extremo da experiência e das possibilidades humanas.[24]

No profano e a partir dele, é possível realizar coisas de acordo com seu sentido e ser, atingindo a dimensão profunda que dispõe para o toque do incondicionado. Toda vez que nossa busca de sentido de vida, na linha da verdade, estética, justiça e amor, inspirar-nos procedimentos e posturas e, na intencionalidade e na prática, respeitar a diretriz existencial dos entes com os quais nos relacionamos, visando a seu desenvolvimento, estaremos nos situando no nível profundo do ser, na esfera do sagrado. Estaremos vivenciando a religião em sua compreensão ampla e universal, que "pode ser caracterizada como estar possuído por um Incondicionado, que se revela de diferentes formas".[25]

Além disto, se nas atividades profanas nosso agir estiver compenetrado de religiosidade, daremos à cultura em que nos situamos

---

[23] Ibid., p. 59.
[24] Ibid., p. 61.
[25] Ibid., p. 63.

uma "qualificação especial". Quando agimos como juiz, cientista, funcionário ou político, conduzimo-nos de acordo com o sentido e as exigências da respectiva função. E quando assumimos essas atividades profissionais com intencionalidade religiosa, então, para nós, há nelas um "algo mais". Este "algo mais" é o elemento da incondicionalidade. Tillich explica isto, tomando como referência a sacralidade do direito:

> O direito possui em si a juridicidade. Se o chamamos de sagrado, queremos dizer que o direito tem em si uma incondicionalidade que independe de toda explicação e vibra nele com majestade, que ninguém pode tocar, nem mesmo quando mil violações legais o mutilarem na prática.[26]

Este caráter religioso do direito fica bem marcado pelos trajes dos juízes e o cerimonial nas sessões de júri.

O homem se depara, pois, com o sagrado nas variadas formas de se encontrar com a realidade. Não é um encontro entre outros, mas um encontro que inclui os outros, pois se trata da experiência subjetiva de *absolutidade* no encontro com o Absoluto-em-si (*Absolute Selbst*). Quando, no encontro com as diversas facetas da realidade, e nas práticas e atitudes, estivermos direcionados para a busca do verdadeiro, do belo, do bom e para mais vida, situamo-nos em âmbito religioso e nos dispomos a uma experiência com o divino, com o Absoluto-em-si. É próprio da religião socialmente organizada buscar, de modo intencional, o encontro com o Absoluto-em-si. A expressão mais vigorosa desse Absoluto--em-si está no mandamento judaico-cristão: "Amarás o Senhor, teu Deus, de todo o coração, com toda tua alma e com todas as tuas forças". Isto expressa a absolutidade em linguagem religiosa. Em outras religiões, podem encontrar-se formas parecidas de expressar esse encontro com o Absoluto-em-si.[27]

---

[26] TILLICH. *Die Frage nach dem Unbedingten...*, p. 26.
[27] TILLICH. *Korrelationen...*, p. 62.

2. A religião, em sua radicalidade, traduz-se por relações entre os humanos e destes com todos os seres históricos e com o Transcendente

Como ser no mundo, nenhum homem ou mulher existe sozinho. Chegamos à existência por intermédio de outros; vivemos e nos desenvolvemos no aconchego e relacionamento com os semelhantes e no contato com os demais entes; necessitamos de elementos do reino animal e vegetal, do mundo físico e de todo cosmos. Ninguém vive e nem subsiste de forma solitária. Cada humano é um ser *com* os outros, é um ser solidário por natureza, é um eu-dialogante. A auto-integração e autocriatividade da vida só se efetuam na dialética existencial de um sair-de-si, de um estar--e-agir-com e de um volver-a-si. Este processo de relacionamento e diálogo enriquece e faz crescer os indivíduos, constrói a unidade e fortalece a união entre eles. "O ser humano é essencialmente um nó de relações em todas as direções."[28] A alteridade arraiga-se em nosso ser profundo, é elemento condicionante de vida desde nosso surgir histórico.

A exigência de diálogo nasce em nosso interior profundo, no âmbito da dimensão religiosa, cuja característica fundamental é autotranscender-se, sair de si, relacionar-se, dialogar. "A religião consiste justamente na re-ligação do ser humano consigo mesmo, com a natureza e com o sentido transcendente da vida".[29] Ela traz em si e consubstancia a aspiração humana enraizada no seu íntimo de transcender os limites e a finitude, pois ela é o movimento de "re-ligação de todos com a Fonte originária".[30] Pela autotranscendência, a vida encaminha-se para além de sua própria finitude. É próprio da vida estar *dentro* e projetar-se *para além* de si mesma. Ela se encaminha para um além-dos-limites, em direção ao que é

---

[28] BOFF, Leonardo. *Ética e moral; a busca dos fundamentos*. Petrópolis, Vozes, 2003, p. 15.
[29] Ibid., p. 15.
[30] Ibid., p. 25.

sublime, elevado e grandioso, e projeta-se rumo ao ser último e infinito, para o Transcendente divino.

Este pendor de autotranscendência maximiza-se em uma relação de amor, não um amor limitado a um círculo restrito de pessoas, mas abrangendo a todos, o mundo inteiro, instaurando a justiça, fortalecendo a solidariedade e promovendo a paz, por meio de um processo de conhecimento e confiança recíprocos. Amor não é uma emoção, mas nele estão implícitos fortes elementos emocionais, como nas restantes funções do ser humano. Amor é o movimento da totalidade do ser em direção ao outro ser para superar a separação existencial.[31] Amor pressupõe individuação, que requer separação mas é acompanhada do desejo de "re-união". Quanto mais plena for a individuação e mais intenso for o desejo de "re-união", mais perfeito será o amor. O anseio pela "re-união" é elemento de todo amor, e sua realização, embora fragmentada, é experimentada como felicidade.[32] Na Bíblia, o texto sagrado dos cristãos, o apóstolo João ensina que Deus é amor. E já que Deus é o ser-em-si, devemos dizer que o ser-em-si é amor. Isto significa que a vida divina é essencialmente amor. Sintonizamos com esta realidade divina por nossa relação com o transcendente, embora ainda seja inacessível ao nosso entendimento.

O Novo Testamento da Bíblia usa o termo *ágape* para sinalizar o amor divino. Também emprega este mesmo vocábulo para se referir ao amor dos seres humanos entre si e ao amor dos humanos para com Deus. O que há de comum nestas três relações pode ser elucidado comparando-se o tipo *ágape* com outros tipos. Amor como *libido* é o movimento da necessidade em direção àquilo que satisfaz esta necessidade. Amor como *filia* é o movimento do igual em direção à união com o igual. Amor como *eros* é o movimento daquele que é inferior em poder e sentido

---

[31] TILLICH, Paul. *Teologia sistemática*. Trad. Getúlio Bertelli. 3. ed. São Leopoldo, Sinodal, 2000. p. 489.

[32] Ibid., p. 234.

para aquele que é superior. Nos três, o elemento de desejo está presente. A forma de amor *ágape* transcende as outras três: é gratuito e consiste no desejo de realizar o anseio de outro ser, o anseio por *sua* plenitude última.[33]

A experiência do amor como *ágape* atinge a profundidade de nosso ser humano, não de modo abstrato, mas na concretude existencial. Com tal experiência de amor, nosso ser histórico é experienciado positivamente como potência e plenitude absolutas: "O ser assim compreendido é o poder do ser e é de uma infinita riqueza, um inexaurível mas indeterminado absoluto". Além disto, o ser com esta experiência plenificante do amor é "fundamento da verdade, pois transcende o sujeito e objeto; é o fundamento do bem, pois contém todo o ser em sua natureza essencial e é a norma de todo mandamento moral. Finalmente, é idêntico ao sagrado, o fundamento de tudo aquilo que tem ser".[34] Este pensamento sobre a experiência do amor na radicalidade do ser humano é de importância fundamental, uma vez que assinala o ponto para onde convergimos com a totalidade de nosso ser. Esta experiência profunda do amor transcende a verdade, indo além da unidade buscada; é o bem máximo, perfaz nosso ser essencial; é a lei básica enquanto referência para todas as normas e também lei última, pois sua vivência plena dispensa toda outra lei; e é a fonte de felicidade à qual todos aspiramos. A vivência do amor *ágape* identifica-se com o sagrado porque nos faz experienciar o divino em nossa realidade condicionada. Nesse amor *ágape*, o divino e o humano se encontram, seja na reciprocidade entre humanos, seja entre estes e o Ser-em-si, o ser divino. Dito em linguagem bíblica, o "amai-vos uns aos outros" condiciona o "amai a Deus sobre todas as coisas". É relevante ressaltar a *experiência humana do divino*, em pessoas de profunda espiritualidade de diferentes

---

[33] Ibid., p. 234.
[34] TILLICH. *Korrelationen...*, pp. 46-47.

denominações religiosas. Rudolf Otto denomina tal experiência de *numinoso*, que afeta o ser humano na sua totalidade. Tillich considera este diálogo divino-humano um encontro com o próprio Incondicionado. Para ele:

> Existe um ponto [...] em que o meio [Medium = elemento intermediário] e o conteúdo se sobrepõem. É a tomada de consciência da "derradeira Validade" [*Letztgültigen*], do próprio Incondicionado [*Unbedingten-Selbst*], do *Esse ipsum* [próprio Ser], que transcende a diferença entre sujeito e objeto [...]. Trata--se do Verdadeiro Ser-em-si [*Wahre Selbst*], da *veritas ipsa*, como a chamou Agostinho.[35]

Tillich não diz isto com base em uma argumentação teológica e nem a partir de determinada denominação religiosa, mas em referência a uma predisposição estrutural do ser humano de relacionamento com o Incondicionado:

> Não devemos chamar a este ponto de Deus (como ocorre em uma demonstração ontológica da existência de Deus), mas devemos chamá-lo como aquilo que em nós "nos faz impossível fugir de Deus". É a presença do elemento do Incondicionado na estrutura de nosso ser (*Dasein*), o fundamento da experiência religiosa.[36]

Tillich é categórico e claro na afirmação de que, como seres humanos, somos estruturalmente tocados pelo Incondicionado ou – como se expressam os pensadores contemporâneos – abertos ao Transcendente. Deixa também claro que sua compreensão desta capacidade estrutural humana de experienciar "diretamente" a

---

[35] Ibid., p. 29. Observação: as explicações entre colchetes não constam no original. Nesta mesma obra, à p. 37, Tillich explica alguns dos termos mais usados por ele: "A palavra 'absoluto' é hoje polissêmica: para muitos ela se refere à imagem de um ser absoluto, que se identifica muitas vezes com Deus. Não é isto que penso. Procuro explicar o sentido de 'absoluto' recorrendo a outras expressões, como as polaridades: incondicionado/condicionado (unbedingtes/bedingtes); derradeiro valor/provisório (letztgültiges/vorläufiges); infinito/finito (unendliches/endliches)". Diz preferir as expressões: Letztgültiges Anliegen, Unbedingten (referente ao caráter de imperativo moral) e *Unendliches* (no domínio religioso).

[36] Ibid., p. 29.

Veritas ipsa corresponde àquilo que outros chamam de "*a priori* religioso" ou "*a priori* místico". Contudo, faz uma ressalva ao uso desta expressão, no sentido de distinguir potencialidade e conteúdo. Ou seja, de um lado da questão, existe no ser humano a potencialidade estrutural de tomar consciência do *Esse ipsum*. Para Tillich, é importante considerá-la assim como ela é, como forma e capacidade estrutural de poder experienciar esse *Esse ipsum* e, como tal, ela é vazia:

> Este elemento já foi chamado de "*a priori* religioso"; mas se usarmos esta expressão (no sentido de *anima naturaliter* religiosa), devemos tirar-lhe todo o conteúdo e reduzi-la à pura potencialidade de ter experiências como as de uma suprema e incondicionada concernência (*von der Art eines letztgültigen 'unbedingten' Anliegens*).[37]

Do outro lado da questão, esclarece Tillich, o conteúdo de uma experiência do *Esse ipsum* depende da revelação, isto é, da "especial maneira, forma e situação em que esta potencialidade se atualiza pelo toque da concernência, que é ao mesmo tempo concreta e incondicionada".[38]

Tillich explica como esta concernência pode ser ao mesmo tempo concreta e incondicionada: "Enquanto a consciência da pura incondicionalidade [do Incondicionado] não é condicionada absolutamente por nada, sua concreta corporificação em símbolos e ações é uma questão de destino e de fé audaciosa".[39]

Existem, pois, dois elementos inseparáveis mas distintos na experiência religiosa, enquanto esta envolve o Incondicionado: "De uma parte, a consciência imediata do Incondicionado, que é sem conteúdo mas é de uma certeza incondicionada; e de outra parte, a ampla concernência concreta, repleta de conteúdo, mas com

---

[37] Ibid., p. 29.
[38] Ibid., p. 29.
[39] Ibid., p. 29. Observação: a explicação entre colchetes não consta no original.

a certeza condicional da fé audaciosa".[40] A experiência religiosa torna-se viável pela potencialidade estrutural de relacionar-se, que nos permite tomar consciência imediata do "próprio Ser", sem intermediação e sem condicionamento algum. Em que consiste esta "ampla concernência concreta, repleta de conteúdo"? Qual a configuração do Incondicionado, da *Veritas ipsa*? O conteúdo dessa experiência depende de duas coisas: da revelação, ou seja, da "especial maneira, forma e situação" em que o Incondicionado se revela a nós; e da "fé audaciosa", que, além do acreditar na existência do verdadeiro "Ser-em-si", produz em nós sensibilidade para a tomada de consciência do Incondicionado e leva-nos a orientar e assumir nossa vida em coerência com a fé.

3. A religião como manancial do sentido de vida

A pergunta pelo *sentido da vida* emerge da profundidade humana. É uma das caracterizações da dimensão religiosa e nos questiona a todos, ao longo da existência. Pode expressar-se por diversas formulações, tais como: De onde vim? Para onde vou? O que acontece depois da morte? Como posso ser verdadeiramente feliz?

Tillich considera este perguntar como provindo de uma *profunda angústia da vida* (*tiefe Lebensangst*), não no sentido de um receio de perder a vida, mas no de *perder seu sentido*. Pois está em jogo algo que faz com que o homem e a mulher sejam, um e outra, um ser humano, que está presente não apenas como algo da natureza, mas como alguém capaz de perguntar e exigir, mesmo contrariando seu *Dasein*, isto é, sua própria existência. Ele é um ser que exige viver com sentido, pois o viver humano é um viver com sentido.[41]

---

[40] Ibid., p. 29.
[41] TILLICH. *Die Frage nach dem Unbedingten...*, p. 23.

59

Enfocando nesta perspectiva as ciências sociais, Hall afirma que os seres humanos são *seres interpretativos* e *instituidores de sentido*. Para ele, a ação social é significativa em razão dos muitos e variados *sistemas de significado* que os seres humanos utilizam para definir o que *significam as coisas*, em vista de atribuir-lhes sentido, isto é, conferir-lhes valor e importância, e para codificar, organizar e *regular sua conduta* em relação aos outros, o que poderia consistir em criar sistemas de linguagem, modos de relacionamento e hábitos de convivência.[42]

O homem constitui seu ser enquanto o constrói com sentido e enquanto vive com sentido, isto é, com sentido *prático* do direito, da moralidade, do Estado, e com sentido *teórico* da observação (*des Anschauens*), da ciência, da arte.[43] Esta *filosofia do sentido* não é idealística; tende antes a ser realista. Por esta concepção de sentido, Tillich entende o pensamento e o espírito como manifestações de uma realidade infinita e inexaurível, a qual, no seu derradeiro caráter, é considerada o incondicionalmente real e o incondicionalmente válido. Esta realidade incondicional permeia e qualifica toda ordem condicional. Merece destaque que a concepção tillichiana de sentido não seja apenas axiológica. Antes, o sentido é a realização da existência na criatividade do espírito. A filosofia de sentido de Tillich é a expressão de uma filosofia do ser, caracterizada como um realismo repleto de fé, ou realismo autotranscendente.[44]

Essa vida com sentido está fundamentada na liberdade e na possibilidade ambígua de alcançar ou de perder este sentido. A possibilidade de sofrer essa perda, de perder seu ser e de falhar o sentido para o qual seu ser está direcionado, produz, no mais

---

[42] HALL, Stuart. "A centralidade da cultura: notas sobre as revoluções culturais de nosso tempo". In: *Educação & Realidade*, v. 22, n. 2, jul./dez. 1997, p. 16.

[43] TILLICH. *Die Frage nach dem Unbedingten...*, p. 23.

[44] Cf. ADAMS, James Luther. *Paul Tillich's philosophy of culture, science and religion*. New York, Harper & Row, 1965, p. 183.

profundo do ser humano, a angústia da vida. Este olhar para o abismo fascinante e demoníaco de uma absoluta falta de sentido de vida é a situação do homem, e, por isso, também a situação do homem moderno.[45]

Esta afirmação um tanto drástica nos leva a considerar que na história individual e coletiva a religião está sempre presente de modo significativo e fundamental. Entendida em seu sentido amplo e profundo, transcende as formas temporais de passado, presente e futuro e está inegavelmente na história humana pela busca de sentido de vida. Esta busca de sentido integra a essência do ser humano, mesmo que ele não faça disso uma pergunta consciente e explícita. O homem pode evitar ou até abafar tal questionamento sobre o sentido existencial, pelo medo de "ser possuído incondicionalmente" por algo de "extrema concernência". De forma positiva, pode expressar o toque do incondicionado por meio de imagens místicas, simbólicas ou poéticas ou ainda em concepções teológicas, filosóficas e políticas. Em sentido contrário, usando sua liberdade de opção, pode manter longe de si quaisquer símbolos religiosos. Mas não pode viver sem religião. A religião, em seu sentido profundo e universal, como elemento humano essencial, perdurará enquanto existirem homens e mulheres: ela não pode desaparecer da história humana, pois, história sem religião deixaria de ser história humana.[46]

4. Religião como dimensão antropológica e religião como instituição religioso-cultural

Nesta dupla compreensão da realidade religiosa, como dimensão antropológica e como realidade institucional, importa salientar que, no sentido amplo, religião se refere ao Absoluto sem

---

[45] TILLICH. *Die Frage nach dem Unbedingten...*, p. 23.

[46] Ibid., p. 32.

intermediação institucional e vai além da distinção entre religião e não religião, em sentido restrito. Segue-se que o sagrado, a experiência do Absoluto-em-si, transcende toda religião institucional: "O Incondicionado no Ser e no Sentido não pode ficar encerrado em um lugar sagrado ou em um ato sagrado, isto é, em uma religião particular". Partindo alguém do chão de determinada religião, só poderá fazer esta assertiva sobre o não confinamento do sagrado se sua "religião institucional estiver apta a transcender a própria especificidade religiosa. E, talvez com isto, tenha o poder de submeter outras religiões à crítica".[47] Com isso, fica claro que nenhuma religião institucionalizada pode absolutizar-se; pelo contrário, em uma linha de autenticidade, há de reconhecer suas limitações e falhas e admitir ser questionada.

A compreensão de religião em sentido amplo, a de alguém "estar possuído pelo Incondicionado", também se aplica à religião em sentido restrito, quando se refere a realidades declaradamente religiosas, como: pessoa sagrada, lugares, tempos e objetos sagrados. Nestas realidades, o sagrado se apresenta em uma especial corporificação. A experiência sacra ligada a estas formas religiosas acontece de modo direto, principalmente no interior de uma comunidade sagrada, como: Igreja, ordem ou movimento religioso. Tais comunidades manifestam, cada uma, um modo próprio de experiência do sagrado, por meio de determinados ritos, símbolos e imagens. Também traduzem esta experiência religiosa por regras de vida moral e social próprias do grupo.[48] Exemplifiquemos. No judaísmo, o templo de Jerusalém era o espaço de experimentar a presença de Javé, o lugar apropriado para lhe prestar culto. Ainda hoje, nesta mesma cidade, o "Muro das Lamentações", formado pelo restos do antigo templo, constitui uma realidade sagrada, exigindo dos fiéis e visitantes sinais exteriores de respeito

---

[47] TILLICH. *Korrelationen...*, p. 64.
[48] Ibid., pp. 63-64.

e propiciando atitudes e gestos de veneração e prece. Na Índia, para ser admitido em um templo hinduísta, é necessário tirar sapatos e meias e penetrar nele respeitosamente, de pés no chão. Postura semelhante é requerida para se entrar em uma mesquita muçulmana e prestar culto a Alá. Nas igrejas cristãs também se exige decoro e compenetração, pois são locais de oração e de contato com Deus.

Continuando seu pensamento sobre esta questão, Tillich argumenta que a religião radicada no fundo do ser humano, ou religião no sentido amplo, como ele a chama, é a base e o referencial crítico de todas as religiões institucionais. Segundo ele, "disso resultam consequências importantes, tanto para as relações dessas religiões entre si como para as relações das religiões com o domínio secular". Esta concepção religiosa ampla é o chão comum para o diálogo inter-religioso. Ela possibilita e enriquece, dentro do pluralismo religioso reinante, todo empenho conjugado em prol de causas sociais, especialmente no campo da educação e, integrada nesta, na área do Ensino Religioso.

A religião, quando entendida como dimensão da profundidade do ser humano, traz outras visões e critérios em relação à realidade religioso-político-cultural. Assim "é que o secularismo, habitualmente condenado pela Igreja, recebe uma função religiosa positiva".[49] Dentro desta visão, colocando no foco da análise a religião na evolução da cultura ocidental dos últimos 500 anos, pode-se considerar como procedentes e proféticas algumas críticas feitas às Igrejas por próceres declaradamente anticlericais, como Voltaire e Marx. Acusavam eles as instituições religiosas de abusar da dimensão vertical como justificativa da injustiça social e de poderes tirânicos, de usar o eterno como baluarte contra o progresso temporal, justificando sua posição conservadora e até

---

[49] Ibid., p. 64.

reacionária como exigência do elemento vertical da religião.[50] Estas críticas do pensamento progressista eram um protesto de índole religiosa e levaram a uma revisão intraeclesial que, para a Igreja Católica, aconteceu especialmente no Concílio Vaticano II.

Prosseguindo com tal temática, pode-se considerar brevemente, com Tillich, a religião como uma função do espírito humano. Tal afirmação encontra opositores críticos em teólogos e cientistas. Entre os primeiros, há quem sustente que, em se tratando de religião, a iniciativa é de Deus; ao homem só cabe acolher e nada mais. Isto corresponde ao ensino teológico clássico dado por Paulo, Agostinho, Tomás, Lutero e Calvino. Do lado das ciências humanas (psicologia, sociologia, antropologia e história) parte a objeção, buscada em Comte, de que a religião é apenas um degrau dentro do desenvolvimento humano, isto é, o degrau da mitologia ou grau teológico.[51]

Os dois grupos têm em comum algo de importante, por entenderem a religião como um relacionamento do ser humano com um ser divino. Mas esta acepção torna-se um obstáculo à verdadeira compreensão da religião, pois, ao querer provar ou negar a existência de um ser divino, fazem desse "deus" um objeto de discussão, e com isto o coisificam. Tillich, ao invés, afirma que a religião é uma função do espírito. E explica que, olhando para a profundidade espiritual, o espírito humano se nos revela como religioso. Segundo ele, a religião não é uma função específica entre outras funções, mas a dimensão de profundidade em todas as funções da vida espiritual do homem.[52]

Em linguagem metafórica, Tillich argumenta que, ao longo da história, a religião migrou de uma função do espírito para outra,

---

[50] TILLICH. *Die Frage nach dem Unbedingten...*, p. 34.

[51] Ibid., pp. 37-38. Observação – Stefano Martelli, em *A religião na sociedade pós-moderna*, p. 36, traz uma breve informação sobre esta teoria das "três idades da humanidade" ou, como também é conhecida, "a lei dos três estágios": 1º – período teológico ou mítico; 2º – período metafísico ou abstrato; 3º – período positivo ou científico.

[52] Ibid., p. 39.

isto é, da função *ética* para a do *conhecimento*, desta para a *estética* e, finalmente, para a área humana do *sentimento*. Não encontrando nem lugar e nem lar, a religião se deu conta de que não precisa de lugar específico; ela está em casa em toda parte, isto é, *no fundo de todas as funções, na totalidade do espírito humano*. O incondicionado diz respeito à totalidade da pessoa. Requer um ato global que envolva as funções cognitiva e volitiva e o sentimento.[53]

A metáfora da migração da religião pelas diversas funções do espírito significa que a dimensão religiosa aponta para aquilo que na vida espiritual do ser humano é derradeiro, ilimitado, incondicionado. Religião, no sentido mais amplo e profundo da palavra, é aquilo que nos concerne de modo incondicionado na totalidade de nosso ser.

Este toque do incondicionado revela-se: na *esfera da ética*, pela seriedade das exigências desta; no *domínio do conhecimento*, pela saudade apaixonada da realidade última; na *função estética*, pelo anseio infindo de dar expressão ao sentido último. Tillich conclui, insistindo:

> Não se pode repudiar a religião com derradeira seriedade, porque a seriedade ou o ser possuído por aquilo que nos toca de modo incondicionado é propriamente religião. A religião é a substância, o fundamento e a profundidade da vida do espírito humano. Isto é, a dimensão religiosa do espírito humano.[54]

5. Religião como dinamismo de crescimento, superação e transformação

A reflexão anterior esteve centrada na análise da natureza da religião, como elemento essencial do ser humano. Tomando

---

[53] Ibid., p. 40; e *Dinâmica da fé*, p. 9.
[54] TILLICH. *Die Frage nach dem Unbedingten...*, p. 41.

como ponto de partida a experiência, nosso pensar adentrou a profundidade humana, reconhecendo esta como dimensão religiosa. Este modo de análise era como que uma verificação estática da religião.

Agora nos propomos refletir sobre a religião enquanto movimento de vida. Não é a vida, e toda vida, feita de movimento e transformação? As descobertas e os estudos avançados da física, inspirando-se nos ditames da teoria quântica, vêm decifrando a dinamicidade inerente a toda matéria, tanto no micro como no macrocosmo, e aí revelam um maravilhoso cenário, feito de corpos e forças em equilibração e mutação. Acrescente-se a isto que os cientistas, com os recursos da informática, mapearam os mais de três trilhões de genes do código genético humano. Também já se conhece ou se pesquisa este código de animais e plantas. O progresso científico abre perspectivas de melhor vida em nosso planeta. Mas poderá ele também decodificar o ciclo vital de cada ser humano, desde sua entrada na existência e no mundo, suas fases evolutivas de crescimento, de maturidade e degenerescência, finalizando com a morte? Esta pergunta requer um aprofundamento e recoloca a reflexão na área da religião.

A religião integra-se no processo da vida. Entendemos aqui a vida como atualização do ser potencial. Este conceito ontológico da vida tem como fundamento, e, ao mesmo tempo, une, as duas qualificações principais do ser, que são o *essencial* e o *existencial*. A vida como atualização do ser consiste em um processo denominado *autoatualização* da vida ou, ainda, de *autopoiese*. Este processo cumpre as funções de autointegração, autocriatividade e autotranscendência,[55] em uma correlação de interdependência. Na *autointegração da vida* é estabelecido o *centro pessoal*, que é impelido à autoalteração e é restabelecido nos conteúdos em que foi alterado. A estrutura de autoidentidade e autoalteração

---

[55] As considerações sobre autoatualização da vida se inspiram em Tillich, *Teologia...*, pp. 408-470.

está enraizada na correlação ontológica básica de "eu e mundo". A função autointegrativa efetua-se por meio da *individuação* e *participação*. A função de *autocriatividade da vida* consiste em que a vida avança em direção horizontal e se encaminha para o novo. Sem romper seu centro de autoidentidade, transcende cada centro individual e produz novos centros. Esta função depende da polaridade *dinâmica* e *forma*, que, em uma relação de interdependência, promovem o *crescimento*, fazendo com que uma realidade formada caminhe para além de si mesma rumo a outra forma, que preserva e transforma a realidade original. Toda forma nova só é possível com o rompimento dos limites da antiga.

A função de *autotranscendência da vida* diferencia-se das anteriores. Em linguagem metafórica, podemos dizer que ela não se mantém no movimento circular e horizontal, mas toma rumo vertical. Com efeito, a autointegração e a autocriatividade permanecem dentro dos limites da vida finita, enquanto que, na autotranscendência, a vida se encaminha para além de si enquanto vida finita. É próprio da vida estar *dentro* e tender a projetar-se *acima* de si mesma. Ela se encaminha para um além-dos-limites, em direção ao que é sublime, elevado e grandioso e se projeta rumo ao Incondicionado, ao infinito. Esta função se efetua sob o *princípio da sublimidade* e fica na dependência polar de *liberdade e destino*. Esta possibilidade de autotranscendência manifesta, de forma explícita, a dimensão religiosa, a qual constitui uma matriz energética que sempre se autointegra, autocria e autotranscende. É uma fonte inesgotável de energia e movimento, da qual provêm desejos e aspirações, projetos existenciais e utopias de sociedade. Ela é o nascedouro de grandes ideais, que alimentam esperanças, suscitam ações e movem indivíduos, grupos e povos.

Rudolf Otto, que – repetindo – chama de *numinoso* o que homens e mulheres experimentam intimamente no relacionamento com o ser divino, denomina a energia advinda dessa experiência de *orgé*. Tal energia pode denotar vivacidade, paixão, sensibilidade, bondade, movimento, excitação, atividade, impulsão. Tal característica energética encontra-se nos diversos graus tanto do demonismo como da ideia do Deus vivo. No numinoso, tal energização suscita na alma humana atividade, zelo, tensão e prodigiosa força, seja no ascetismo ou na luta contra o mundo e a carne, seja na atuação e atos heroicos perpassados de exaltação.[56]

Rubem Alves, baseando-se em vários pensadores, destaca o *desejo* como elemento constitutivo da religião. Nesta perspectiva, segundo ele, penetrando no santuário da subjetividade, os homens podem questionar-se sobre as razões que os levam a construir o mundo imaginário da religião, fazendo canções e revoluções e realizando proezas e plantando jardins. Diante de tais pensamentos, por que não entender a religião como entendemos os sonhos? Será que podemos concordar com Feuerbach, citado por este autor: "... sonhos são as religiões dos que dormem; religiões são os sonhos dos que estão acordados"? É de notar que ambos os autores não se referem às especulações oníricas noturnas, durante o descanso psicofísico, mas enfocam os desejos e aspirações profundas do ser humano em uma perspectiva de utopia. Neste sentido, os sonhos são a voz do desejo e procedem da profundidade humana de índole religiosa. É aqui que nasce a religião, como mensagem do desejo, expressão de nostalgia e como força impulsionadora que mantém e revigora a esperança, perseguindo a utopia de mais vida e vida melhor, de construir uma sociedade solidária e justa, e coincidindo com as crenças de muitas religiões. Dentro desta visão, cabe a afirmação do autor agora enfocado: "E os seus sonhos religiosos se transformam em fragmentos utópicos de uma nova ordem a ser construída".[57]

O dinamismo religioso, quando assumido pelos humanos de forma consciente e livre, propicia *crescimento* que se dá na auto-

---

[56] OTTO, Rudolf. *Das Heilige; über das irrationale in der Idee des Göttlichen und sein Verhältnis zum rationalem*. 23. bis 25. Auflage. München, Beck, 1997, p. 27.

[57] ALVES, Rubem. *O que é religião*. 15. ed. São Paulo, Brasiliense, 1992, pp. 85-101.

alteração, saindo da autoidentificação para a alteridade e voltando pela autorreintegração, e enriquece a todos pelo diálogo. Viver a alteridade é fator de vencer os obstáculos incrustados no tecido sócio-religioso-cultural. Viver a alteridade significa dar um sentido à vida e direcionar as energias interiores para a busca de felicidade duradoura. Trata-se de movimento tensivo para a unidade, para a superação da oposição entre sujeito e objeto: "O estar tomado incondicionalmente e o Incondicional que é experimentado são uma coisa só".[58] A formação de cidadãos e a edificação de sociedades solidárias encontram na vivência da alteridade, que se abebera no manancial religioso, um fator fundamental. Deste recurso, nenhuma educação pode prescindir.

A grande força que perpassa o ente humano vem de seu centro — em linguagem bíblica, dir-se-ia do coração —, onde acontece "a presença dinamizadora do Incondicionado, da suprema concernência [que] é experienciada como algo duradouro, interminável, concreto e universal".[59] A experiência do Incondicionado como força ativadora, a partir de situações existenciais e fatos concretos, apresenta-se como algo durável e universal. Encontra-se em todos os seres humanos, de todos os tempos e lugares. Em linguagem metafórica, respeitando-se a liberdade humana, esta realidade energizadora pode ser comparada à semente que, pela força vital generativa que a constitui e sob o influxo de fatores ambientais favoráveis, se abre, cresce e se desenvolve. Por outro lado, como a semente lançada em terra pode ser obstaculizada em sua germinação, assim também o dinamismo religioso pode sofrer enfraquecimento, repressão e desvios. Entretanto, impõe--se evitar ver na simbologia da semente a imagem de um projeto preestabelecido, pois cada ser humano se constrói de forma livre

---

[58] TILLICH, Paul. *Dinâmica da fé*, p. 12.
[59] TILLICH, *Korrelationen...*, p. 22.

e consciente, no assumir-se de si mesmo, no relacionamento com os semelhantes, com a natureza e com o Transcendente. Esta dinamicidade pode ser entendida como movimento de *transformação* e ganha em intensidade e coerência quando aplicada segundo a finalidade que lhe é intrínseca. Ou, dito de outro modo, o homem se transforma, quando sente e livremente aceita ser "impelido para a fé ao se conscientizar do infinito de que faz parte".[60] O ser humano, aspirando ao infinito, também está predisposto a acolher o infinito. Esta acolhida do Absoluto--em-si vem a constituir-se em adesão de fé, pelo fato de acolher a "força que vem do alto", de admitir e valorizar uma influência "de fora", provinda da profundidade do próprio ser. Segundo Tillich, "a fé é um ato integral procedente do centro do eu pessoal, no qual percebemos o incondicional, o infinito, e por ele somos possuídos".[61]

O influxo do Absoluto-em-si, quando acolhido com fé consciente e adesão livre, se faz sentir na formação de personalidades, no estreitamento dos laços comunitários, na edificação de sociedades que priorizam o relacionamento humano e no desenvolvimento da consciência e de atitudes ecológicas de respeito a todos os seres e ao cosmo inteiro. Esta influência incide na escolha de iniciativas que incrementem o ser-mais, e não tanto o ter-mais, e levem a dar maior peso à busca de mais vida e vida melhor. As luzes e os valores religiosos, em sua pureza emergente do profundo do ser humano voltado para as relações com os outros e o Incondicionado, sinalizam o caminho de uma vida com sentido, propiciando crescimento de acordo com a natureza do ser e a fruição de felicidade profunda que não se desfaz com as adversidades. Nesta perspectiva, as relações entre pessoas e grupos e a conjugação de esforços para a realização de programas em prol da vida, da

---

[60] Tillich. *Dinâmica da fé*, p. 11.
[61] Ibid., p. 10.

verdade, do belo e do bem, têm a ver com luzes e forças do transcendente, enquanto despertam e ativam as energias latentes nos humanos envolvidos.

É particularmente na experiência do limite que sentimos o toque do Incondicionado, pois toda situação de limitação, surgida de dentro de nós ou provinda de fora, somando-se ao condicionamento próprio de nosso existir histórico, constitui algo que nos diz respeito de modo absoluto, chamados que somos ao infinito. Percebida e entendida assim, a experiência do limite é um apelo para que possamos nos inserir no fluxo dinâmico de nosso ser e assumi-lo com liberdade e consciência para a superação do confinamento, utilizando a exuberância energética que nos povoa. Toda situação limitante em nosso existir histórico requer ser superada e transcendida. Por isso, todo limite concreto, que nos concerne existencialmente, torna-se ponto sensível para o toque do Incondicionado, que desperta o vigor latente em nosso ser, em vista de sobrelevação.

O sobrepujamento de uma situação de limite, avivado pelo toque do Incondicionado, pode ser entendido como um processo, abrangendo diversos aspectos. Tomemos o exemplo de alguém que recebe a notícia de não ter sido aceito em um concurso público. Primeiro, *sente* o fato como frustração ou choque. Poderia, infelizmente, ficar nesta frustração e se acomodar. Mas, reagindo ao choque, toma *consciência*, pela potencialidade cognitiva, do que houve, procura ter maior clareza sobre possíveis causas da falta de êxito e sobre alternativas a seguir. Passando para uma *tomada de decisão*, pela potencialidade volitiva, define sua posição de superação, decidindo o caminho a seguir. A força do dinamismo de crescimento, inerente ao nosso ser, será acionada para dar um impulso substancialmente maior a esta tomada de decisão, se o pretendido concurso envolver o candidato de forma profunda, por fazer parte de uma opção de vida ou por estar ligado a uma causa familiar, social ou religiosa. Neste caso, a concernência será mais profunda, envolverá também a potencialidade de amor e doação e a relação com os outros e o Absoluto-em-si. A decisão de buscar alternativas poderá ser mais firme e levar à mudança de atitudes e de procedimentos em vista da meta a atingir.

Todo o dinamismo religioso de crescimento, superação e transformação, segundo o pensamento tillichiano, pode ser uma significativa ajuda no processo educativo escolar, quando direcionado pedagogicamente para tal finalidade. Com efeito, este potencial diz respeito à totalidade da pessoa e ao conjunto de pessoas organizadas em sociedade. Nessa base, e dentro de uma perspectiva educacional, a religião, enquanto se converte em Ensino Religioso, é fator imprescindível do perfazer humano e do desenvolvimento social.

A experiência do sagrado e a experiência da fé, segundo Tillich, situam-se dentro do dinamismo de superação e crescimento. Em ambas as experiências há um duplo envolvimento. Um elemento é a presença do sagrado aqui e agora, que toma posse do espírito humano, irrompe na realidade cotidiana e impele o ser humano para além de si mesmo; o sagrado precisa ser experienciado como estando presente. Na experiência religiosa, esta presença do sagrado é "a santidade do ser", que exige santidade, no sentido de justiça e amor, tanto para o indivíduo como para os grupos. Esta exigência de santidade decorre de nossa essência, isto é, nós nos realizamos vivendo na justiça e no amor. Por isso, trata-se também da "santidade do dever". Os dois elementos, a "santidade do ser" e a "santidade do dever", nos exigem e impelem a sermos o que somos ou deveríamos ser: "O homem não pode descansar no reconhecimento de sua finitude. [...] Por isso, precisa sempre tentar romper os limites de sua finitude e alcançar aquilo que nunca pode ser alcançado: o próprio incondicional".[62] Expressando-se de forma semelhante a santo Agostinho, Tillich aponta para a fonte

---

[62] Ibid., p. 40.

de energia do ser humano, que o leva a aspirar a uma profunda progressão transformadora: "O coração humano procura o infinito, porque o finito quer repousar no infinito. No infinito ele vê a sua própria realização".[63]

Expressão cultural da religião

A religião, em cada ser humano, integra-se na polaridade de dinâmica e forma. Como dimensão do profundo existencial, a religiosidade se expressa e se torna realidade objetivamente perceptível por intermédio de elementos culturais. Vem a constituir-se em uma realidade histórica, comumente denominada fenômeno religioso. Pode-se afirmar que, com esta asserção, o fenômeno religioso é a manifestação cultural da religião. Assim, todo homem, considerado em sua totalidade ou tomado em cada uma de suas dimensões, só se desenvolve quando se expressa e relaciona com outros entes. Da mesma forma, a religiosidade, inerente ao ser humano, torna-se efetiva e desenvolve-se pela expressão e comunicação. O dinamismo religioso ganha forma, ritmo e intensidade no fenômeno religioso.

Existe, pois, uma relação necessária, porque estrutural, entre religião e cultura. Admitindo-se a religião como elemento humano essencial, perpassando a totalidade de suas dimensões e subjazendo a todas as potencialidades de nós, humanos, ela está presente nas expressões culturais, constituindo como que a alma da cultura. Mas, como realidades humanas, o fenômeno religioso é demarcado por limites e é desfigurado por distorções e desvios, tornando-se tremendamente ambíguo. Esta ambiguidade não provém da raiz religiosa que emerge da profundidade humana, e sim, da contingência de todos os entes humanos, que, ao se construírem historicamente, o fazem com liberdade de decisões e sempre dentro

---

[63] Ibid, p. 13.

das limitações próprias. Agindo e interagindo entre si, construindo-se a si mesmos, de forma individual e social, constroem também a cultura, isto é, expressam-se a si próprios e manifestam seus sentimentos, desejos, temores e expectativas, mediante ações, símbolos, ideias, relacionamentos, crenças, leis, códigos etc. Esta cultura, em processo de construção, pode conter valores que dão sentido existencial, perfazendo as exigências profundas do ser humano, assim como desvalores, falhas e desvirtuamentos que se distanciam em seus significados dessas necessidades existenciais. A religião aparece na cultura de forma clara ou oculta; às vezes, com características genuinamente religiosas, ou, as mais das vezes, em expressões culturais que, aparentemente, pouco ou nada têm de religioso e nem de autenticamente humano. O fenômeno religioso, em suas configurações culturais, apresenta o religioso de forma ambígua, necessitando ser expurgado e corrigido. Em suma: a cultura, impregnada de religiosidade, é portadora de riquezas a valorizar e de desvirtuamento a direcionar.

Esta breve introdução sobre a expressão cultural da religião evidencia a importância fundamental da educação, e, mais precisamente, do Ensino Religioso. De um lado, cabe valorizar as potencialidades e valores religiosos no processo educativo. De outra parte, é imperioso direcionar os esforços de educadores e educandos para a superação de limites e empecilhos e para a correção de ambiguidades. Dito de outra forma, a educação, visando servir ao desenvolvimento humano, não pode prescindir de se referir à cultura e à religião. E o Ensino Religioso toma o fenômeno religioso, com suas riquezas e pobrezas humano-religiosas, como objeto próprio de sua tarefa educativa específica. Na mediação educativa, o Ensino Religioso se fundamenta e inspira na dimensão religiosa do ser humano, ao mesmo tempo que procura desenvolvê-la. Além deste fundamento antropológico, o Ensino Religioso tem no fenômeno religioso outra fundamentação de índole fenomenológico-cultural; talvez, melhor que fundamento, a fonte na qual busca os elementos culturais-religiosos que servem de objeto e material de construção do projeto educativo, enfocando o religioso.

1. Cultura e religião

1.1. Conceituação introdutória

Koïchiro Matsuura, diretor-geral da Unesco, apresenta as conclusões da 31ª Sessão da Conferência Geral desta entidade, com o título: "A riqueza cultural do mundo está na sua diversidade em diálogo".[64] Reveste-se de excepcional importância e significado o fato de que no início deste século e ainda no limiar do novo milênio, em meio a guerras e conflitos, os representantes de praticamente todas as nações de nosso planeta tenham reafirmado sua convicção de que o diálogo intercultural constitui a melhor garantia para a paz. E o diálogo intercultural inclui o diálogo inter-religioso, pois religião e cultura são inseparáveis e, neste mundo plural, a atitude e a prática de relação e entendimento recíprocos tornam-se indispensáveis para a convivência entre indivíduos, grupos e povos.

Salienta ainda o diretor da Unesco que esta declaração "visa preservar como tesouro vivo – e portanto renovável – uma diversidade cultural que não deve ser percebida como um patrimônio estático, mas como um processo que garanta a sobrevivência da humanidade". Essa perspectiva vital de preservação e transformação processual insere o universo cultural no mundo da educação. Tal aproximação integradora entre cultura, religião e educação acontece, de modo especial, no Ensino Religioso, objeto específico desta obra. Esses componentes serão tratados na reflexão a seguir.

---

[64] DECLARAÇÃO UNIVERSAL DA UNESCO. Adotada pela 31ª Sessão da Conferência Geral da Unesco. Paris, 2 de novembro de 2001. Tradução oficial realizada por Moema Salgado.

Em relação à *cultura*, partimos da conceituação que lhe dá a Unesco: "A cultura deve ser considerada como o conjunto de traços distintivos espirituais e materiais, intelectuais e afetivos que caracterizam uma sociedade ou um grupo social e que ela compreende, além das artes e das letras, os modos de vida, as formas de convivência, os sistemas de valores, as tradições e as crenças".[65]

Esta definição serve-nos de referencial para o presente trabalho, dada a necessidade de uma escolha diante da grande variedade de acepções no plano teórico, segundo os pontos de vista dos autores. A compreensão de cultura da Unesco, com os princípios e orientações adotados em sua 31ª sessão, abrange a totalidade da experiência humana acumulada, socialmente transmitida e em processo de construção. Nela também aparece claramente a religião como um componente cultural. Ademais, há uma similaridade dessa conceituação com a de Tillich, o qual, a partir da polaridade básica eu-mundo, entende a cultura como um processo de criação e expressão consciente e livre na multidimensionalidade da vida. Para ele, a cultura abrange toda produção intelectual, tecnológica e artística; e, ainda, a linguagem, a comunicação e as relações; as manifestações de sentimentos e crenças; os pensamentos e atitudes éticos; os hábitos e costumes conscientemente assumidos, transformados e transmitidos.

Diante da grande variedade de compreensões no domínio cultural, com enfoque qualitativo, Stuart Hall afirma existir uma *revolução do pensamento humano* em relação à *noção de cultura* que ocorreu nas *ciências humanas e sociais*. Segundo ele e outros pensadores que compartilham seu pensar, a cultura adquiriu *peso explicativo*, não obstante as resistências de disciplinas tradicionais.

---

[65] Unesco. Declaração de 2/11/2001. Introdução. Esta definição está conforme às conclusões da Conferência Mundial sobre as Políticas Culturais (Mundialcult, México, 1982), da Comissão Mundial de Cultura e Desenvolvimento (Nova Diversidade Criativa, 1995) e da Conferência Intergovernamental sobre Políticas Culturais para o Desenvolvimento (Estocolmo, 1998).

Os efeitos dessa revolução conceitual são notados na *aprendizagem*, na qual as questões culturais ocupam espaço mais central, ao lado dos processos econômicos, das instituições sociais e da produção de bens e riquezas. Mas é sobretudo na *análise social contemporânea* que essa alteração se impõe com mais vigor, ao considerar a cultura um elemento constitutivo da vida social. Isso denota uma *mudança de paradigma* nas ciências sociais e nas humanidades, conhecida como "virada cultural".[66] Esta mudança de paradigma põe a cultura em justificado destaque e lhe dá maior importância no seio dos processos em geral predominantes na sociedade. Contudo, falta-lhe profundidade e, por isto, também abrangência, pelo fato de não colocar no cerne questões e aspirações existenciais profundas, como a busca, nesse nível, de sentido de vida, felicidade plenificante e paz íntima e persistente apesar de conflitos e guerras. O verdadeiro núcleo e alma da cultura é a religião, ou, segundo Tillich, a religião vem a ser a substância da cultura.

A cultura se constitui em patrimônio, enquanto conserva e transmite conquistas e valores de gerações passadas de determinado grupo humano. Ao mesmo tempo, torna-se objeto de transformação e de nova criação por parte de novos agentes e/ou de agentes em renovação. A cultura é uma atividade pela qual o homem cultiva, cuida e transforma a realidade e também cria coisas novas.[67] Ao centrar-nos, assim, em determinado fato cultural, relacionando-o com as categorias tillichianas, é importante termos presente este *enraizamento histórico* e considerarmo-nos *participantes*, seja como agentes atuantes e promotores, seja como observadores, coparticipantes ou sofrentes.

Um aspecto da virada cultural no final do século XX diz respeito à *linguagem*. Trata-se de uma *inversão da relação* entre *a*

---

[66] HALL, Stuart. A centralidade da cultura: notas sobre as revoluções culturais de nosso tempo. *Educação & Realidade*, 22 (2): 17, jul./dez. 1997.

[67] Cf. TILLICH, P. *Teologia...*, p. 429.

palavra que descreve as coisas e as próprias *coisas*, as quais, pelo senso comum, preexistem à descrição que delas se faz. Até bem pouco, a linguagem estava subordinada ao fato, à "realidade", mas, nos últimos anos, teóricos de diversos campos do saber (filosofia, literatura, feminismo, antropologia cultural, sociologia) declararam que *a linguagem constitui os fatos*[68] e não apenas os relata. Isto quer dizer que a identificação de objetos só é possível devido a uma forma particular de classificá-los e de lhes atribuir um sentido. Assim, por exemplo, um objeto só pode ser definido como pedra se existir uma *linguagem* ou um *sistema de significação* capaz de classificá-lo dessa forma, dando-lhe um *sentido*. É deveras marcante este estudo mostrando que o significado de qualquer objeto reside não no objeto em si, mas é produto da forma como o significado desse objeto é socialmente construído por meio da linguagem e da representação.[69]

Tendo presente este dinamismo de mudanças quantitativas e qualitativas referentes à variedade e conceituação da cultura, pode--se assinalar que, a par disso, são evidentes as diferenças culturais de um grupo a outro, cada um construindo sua identidade com características próprias. É o que verificamos, de maneira particular, em nosso país, e o que nos leva a falar em pluralidade de culturas para assinalar diferenças significativas entre os grupos humanos que compõem a sociedade brasileira, segundo a predominância étnica, costumes e tradições, localização geográfica e demais traços identificadores. Sobre este assunto existem numerosas pesquisas e trabalhos de valor, o que dispensa aqui uma nova inquirição neste campo. O que merece, sim, ser retomado e, eventualmente, receber um aprofundamento, é o nexo entre cultura e religião.

Quanto à *religião*, esta temática já foi desenvolvida na seção anterior sob diversos enfoques, especialmente, como dimensão da

---

[68] Du Guy, P. Some course themes. Não publicado. The Open University Milton Keynes. In: Hall, op. cit., p. 28.

[69] Hall, op. cit., pp. 27-28.

profundidade humana e como dinamismo de transformação existencial. Aqui, estarão em evidência suas manifestações culturais, a mútua relação entre cultura e religião e a ambiguidade que a ambas envolve, e a reflexão será direcionada para o campo educativo, em vista de contribuir para a "ampla difusão da cultura e da educação da humanidade para a justiça, a liberdade e a paz", como exigências "indispensáveis à dignidade humana". Proceder assim é um "dever sagrado que todas as nações devem cumprir com espírito de responsabilidade e de ajuda mútua". Se o atual processo de globalização, de um lado, representa um desafio no sentido de preservar a diversidade cultural em meio a um nivelamento destruidor, por outro lado, "cria condições para um diálogo renovado entre as culturas e as civilizações".[70]

1.2. Breve análise das duas questões em estudo

O *primeiro momento* de análise leva-nos a considerar a *cultura* uma construção interativa de indivíduos integrados socialmente em grupos humanos e inseridos em determinados contextos.

O ser humano dá a conhecer o que é, sente, deseja, acredita, pensa e decide. Revela-se por seu modo de vida, pelo contato com o cosmos, com as plantas e animais, e no convívio e confronto com os outros humanos. Além de manifestar suas reações diante das evidências do mundo dos sentidos, expressa-se diante das incógnitas da realidade circundante, dos segredos do espaço sideral e diante do mistério da própria existência. Exterioriza suas interrogações sobre realidades e seres que fogem a seu alcance.

Homens e mulheres se desvelam e se comunicam por meio da linguagem e da arte, feitas de gestos, símbolos, palavras, pinturas, ritos e atividades lúdicas. Também pelo trabalho e a técnica, levando-os a transformar a natureza física, a cultivar a terra, a fabricar utensílios, a melhorar seu *habitat* e a criar meios de locomoção

---

[70] UNESCO. Declaração de 2/11/2001. Introdução.

e comunicação. Ao se explicitarem assim, eles põem em ato suas potencialidades físicas, psíquicas e espirituais e se dizem e perfazem como seres humanos, diante do e no mundo em que vivem. Adquirem vigor, destreza e habilidades. Cultivam os sentimentos. Estruturam e aperfeiçoam o pensamento. Desenvolvem criatividade. Alteram seus procedimentos. Modificam suas atitudes. Organizam sua vida. Abrem perspectivas de futuro. Vão ao encalço de seus desejos e ideais. Para este construir-se a si mesmos, não existe programação preestabelecida a ser posta em ação, não se trata de um crescimento linear. Interferem os condicionamentos dos próprios limites, as influências ambientais e, sobretudo, as opções e decisões livremente tomadas.

Nenhum homem ou mulher se constrói e realiza sozinho. Só lhe é possível ser, viver e perfazer-se, agregando-se aos semelhantes, por instinto ou necessidade; melhor, por decisão livre e consciente. Aprimorando sua convivência familiar e social, o ser humano progride e a sociedade se edifica e consolida. Em sentido contrário, no isolamento e na reclusão, os indivíduos estagnam e definham e as sociedades regridem e se arruínam.

O ser humano afirma sua individualidade na medida em que alcança ser ele mesmo, construindo sua identidade como pessoa livre e autônoma. Consegue isto pelo desenvolvimento equilibrado de suas próprias potencialidades, levado a efeito no relacionamento respeitoso de colaboração e solidariedade. Nesta relação recíproca, baseada em princípios norteadores da vida individual e comunitária, as pessoas e grupos, estimulados pelo desejo de transpor suas limitações, sentem-se impulsionados a prosseguir no caminho da vida e optar por valores que favoreçam seu desenvolvimento e lhes façam encontrar um sentido para a vida.

Expressando-se, assim, na convivência, ao longo da história, abrangendo os diferentes espaços e tempos, os seres humanos construíram e constroem cultura. Esta produção cultural, por sucessivas gerações, desde a remota Antiguidade, em todos os povos dos diferentes quadrantes da terra, veio se constituindo em patrimônio de inestimável valor. Ela é a expressão do ingente esforço de homens e mulheres se construindo e desenvolvendo ao longo dos séculos. É a revelação de sua capacidade criadora e também de seus insucessos, desvios e destruições. É o testemunho de sua grandeza e também de sua miséria. É o percurso da humanidade no passado que continua, no presente, como processo criador e também demolidor, no turbilhão de mudanças, provocando constantes interrogações e desafios.[71]

Ernst Cassirer, em seu *Ensaio sobre o homem*, depois de percorrer a história do pensamento e aí discernir a crise do conhecimento de si do homem, apresenta uma chave interpretativa para a natureza do ser humano. Toma como referência o princípio da *autonomia da vida*, do biólogo Johannes von Uexküll, o qual afirma que a vida é perfeita em toda parte e que cada organismo vivo dispõe de um sistema receptor e efetuador, pelo qual se ajusta a seu ambiente. Pelo receptor, toda espécie biológica recebe estímulos de fora; pelo efetuador, reage a eles.[72]

Inspirando-se neste princípio de Uexküll, Cassirer considera que, para o homem, há um novo método de se adaptar ao ambiente. Entre o sistema receptor e o efetuador, que são encontrados em todas as espécies animais, observamos no homem um terceiro elo que podemos descrever como o *sistema simbólico*. O homem vive, por assim dizer, uma *nova dimensão* da realidade. Existe uma diferença inconfundível entre as reações orgânicas dos seres vivos em geral e as respostas humanas, em relação a determinados estímulos externos. No primeiro caso, uma resposta é direta e imediata; no segundo, a resposta é diferida e retardada por um lento e complicado processo de pensamento. O homem pode não reagir simplesmente de forma instintiva, segundo leis biológicas,

---

[71] Mais adiante será abordada a questão da ambiguidade da cultura.

[72] CASSIRER, Ernst. *Ensaio sobre o homem;* introdução a uma filosofia da cultura humana. Trad. Tomás Rosa Bueno. São Paulo, Martins Fontes, 2001. pp. 45-47.

mas se assumir e engendrar com características próprias. Não estando mais em um universo meramente físico, ele cria, nesta interrupção entre estímulo externo e reação interna, um universo simbólico, para se expressar, cultivar, referir à própria presença e atuação no mundo circundante e se comunicar. "A linguagem, o mito, a arte e a religião são parte desse universo. São os variados fios que tecem a rede simbólica, o emaranhado da experiência humana. Todo progresso humano em pensamento e experiência é refinado por essa rede, e a fortalece."[73]

Com esta chave de leitura da realidade humana, Cassirer analisa o mito e a religião, a linguagem, a arte, a história e a ciência, enquanto áreas culturais, chegando, no final, a descrever a cultura humana como "o processo da progressiva autolibertação do homem. A linguagem, a arte, a religião e a ciência são várias fases desse processo. Em todas elas o homem descobre e experimenta um novo poder – o poder de construir um mundo só dele, um mundo 'ideal'". Neste processo de construção, segundo ele, cabe à filosofia a tarefa de buscar uma *unidade fundamental,* em meio a tensões e atritos, a fortes contrastes e profundos conflitos entre os vários poderes do homem.[74]

Próximo ao pensamento de Cassirer está o de Paul Tillich, para quem a cultura é uma das categorias constantes em toda a sua reflexão. Já na primeira conferência pública, em 1919, abordou esta temática, com o título: *Über die Idee einer Theologie der Kultur.*[75] Tem dela uma compreensão dinâmica, criativa e abrangente e a relaciona com o sentido original provindo do termo latino "cultura". Define-a assim: "Cultura tem o sentido de cuidar de, conservar vivo, fazer crescer. Serve para designar todas as atividades pelas quais

---

[73] Ibid., p. 48.

[74] Ibid., p. 371.

[75] TILLICH, P. Über die Idee einer Theologie der Kultur. *Religionsphilosophie der Kultur;* Vortäge der Kant-Gesellschaft. Berlin, n. 24, pp. 28-52, 1919.

o homem 'cultiva', isto é, transforma a realidade, cria algo novo". Inclui nesta noção as diversas modalidades da atividade humana referentes à teoria e à práxis, como filosofia, arte, ciência, moral, política, e às formas elementares da empiria, como linguagem e técnica. Deixa claro que cultura não é meramente algo dado, mas ação criativa humana: "Em cada um desses três casos, a cultura cria algo novo além da realidade encontrada".[76]

De diversos modos, Tillich volta a esclarecer que as pessoas e os grupos são agentes construtores da cultura e, não raro, também seus destruidores. Assim, escreve:

> Uma pessoa que participa dos movimentos de uma cultura, bem como de seu crescimento e possível destruição, é culturalmente criativa. Nesse sentido, todo ser humano é culturalmente criativo, simplesmente pelo poder de falar e usar instrumentos.[77]

Na maioria das vezes, associa cultura à religião e a aspectos éticos. Com este enfoque, na terceira parte da *Teologia sistemática*, que trata da vida e do espírito, escreve:

> De acordo com sua natureza essencial, moralidade, cultura e religião se interpenetram mutuamente. [...] A cultura, ou criação de um universo de sentido em "theoria" e "praxis", está essencialmente relacionada com a moralidade e religião. A validez da criatividade cultural em todas as suas funções se baseia no encontro de pessoa-a-pessoa no qual são estabelecidos os limites à arbitrariedade.[78]

Em toda atividade cultural existe uma intencionalidade, uma busca manifesta ou implícita de sentido, que, em uma linha de coerência, deveria estar de acordo com a natureza das coisas e voltar-se para o desenvolvimento dos seres humanos. Ao enfocar

---

[76] TILLICH. *Teologia...*, p. 429. Cf. também GABUS, J.-P. *Introduction à la théologie de la culture de Paul Tillich*. Paris, Presses Universitaires de France, 1969, p. 32.

[77] TILLICH. *Teologia...*, p. 437.

[78] Ibid., p. 457. Nota: a íntima relação entre cultura e religião será retomada mais adiante.

a cultura contemporânea, que se apresenta como autônoma em relação à religião, Tillich aprofunda a questão do sentido, procurando discernir o significado derradeiro e autotranscendente desta cultura e mostrar que ela é perpassada por uma concernência ou preocupação última. Esta busca de sentido último, que encaminha para o domínio religioso, pode dar-se em dois níveis ou graus.

a) No *grau preliminar*, o sentido é estabelecido segundo a finalidade que é intrínseca à cultura, dentro de seu próprio âmbito. Ou seja, ela procura ter autonomia e ser significativa por si mesma. Este sentido não manifesta habitualmente nada de religioso, mas, antes, constitui um direcionamento das formas culturais condicionadas para um sentido unitário imanente.

b) No *grau mais profundo*, o sentido vem a ser o *sentido do sentido*, também denominado de *sentido último* ou *sentido mais profundo*, sobre o qual se funda o sentido preliminar, imanente e formal de toda cultura. É este o sentido expresso pelos símbolos e mitos. Este sentido profundo também pode ser discernido, com sensibilidade mística, em toda realidade cultural. Todavia, é refratário à análise objetiva e científica, sendo percebido por intuição imaginativa e pressupondo uma atitude de participação pessoal e existencial no Fundamento do Sentido que é a Realidade última.[79]

Esta visão de cultura perpassada por uma intencionalidade está presente nas abordagens de índole teológica e filosófica de Tillich. Ele interpreta o pensamento e o espírito humanos como manifestações de uma realidade infinita e inexaurível, a qual, em seu caráter de ultimidade, é tida como incondicionalmente real e válida. A cultura – enquanto construção levada a efeito por indivíduos e grupos humanos, em cujo espírito e pensamento se manifesta a ultimidade incondicionada – também participa desse

---

[79] Esta apresentação, em forma reduzida, dos dois níveis de sentido segundo Tillich é o sumário de uma formulação de J.-P. GABUS, op. cit., p. 50, que, por sua vez, se remete ao volume I de Gesammelte Werke, *Frühe Hauptwerke*, ed. de 1959, p. 320.

sentido de incondicionalidade, pois esta realidade incondicional permeia e qualifica toda ordem condicional.

Merece ser destacado que, para nosso autor referencial, a concepção de sentido não é meramente axiológica. O que dá sentido à cultura não é primeiramente que ela tenha por base a efetivação e transmissão de valores. Antes, o sentido é a realização da existência na criatividade do espírito. Ou seja, o que confere verdadeiro sentido a uma cultura é o fato de ela favorecer o desenvolvimento dos indivíduos humanos, de acordo com a natureza que lhes é própria. Não se trata, porém, de um determinismo, mas sim de uma ação humana de livre escolha. Esta mesma compreensão de sentido engloba o respeito à natureza dos animais, plantas e mundo físico, com os quais os humanos se relacionam na construção da cultura. Mas esta orientação para a natureza dos entes será melhor assegurada quando a ação cultural for direcionada intencionalmente para o sentido profundo e incondicional. Tal indicação de sentido ainda pode existir quando a intencionalidade não está explicitamente manifesta. Neste caso, e de modo geral, sempre é útil e importante discernir a intencionalidade na ação cultural e avaliar se ela corresponde ao ser dos entes envolvidos. Assim, a filosofia de sentido de Tillich aplicada à cultura caracteriza-se como um realismo autotranscendente, no fluxo do dinamismo religioso.[80]

Ligado à intencionalidade coerente com o ser das coisas está o crescimento de pessoas e grupos. Este crescimento, que também se efetua pela cultura, Tillich o considera uma "autocriação da vida". O crescimento, segundo ele, "é o processo mediante o qual uma realidade formada caminha para além de si mesma rumo a outra forma que preserva e também transforma a realidade original".[81] O *indivíduo humano* cresce ao perfazer sua *humanitas*,

---

[80] Cf. Tillich. *Teologia...*, p. 409. Conferir também Adams, op. cit., p. 183.

[81] Tillich. *Teologia...*, p. 423.

com o desabrochar das potencialidades específicas de sua natureza humana, na perspectiva da realização de seu *telos* interior, voltado para si mesmo e, necessariamente, em comunicação com o exterior, cultivando o relacionamento pessoal com os semelhantes e com todo contexto existencial. A meta mais elevada a ser alcançada pelo homem é o bem, como algo inerente a sua natureza essencial e consistindo justamente na realização do objetivo interior. O *grupo* cresce orientando-se para a efetivação da justiça e da solidariedade. O estabelecimento da justiça e a consolidação da solidariedade constituem utopia e meta para todas as comunidades humanas. Tais propósitos se concretizam por meio da ação política exercida nas funções de governar, legislar e julgar e por uma participação ativa e vigilante de todos os membros do grupo e de todos os grupos no conjunto da sociedade.

As ciências, como produções humanas, também são construções culturais. Todas elas, considerando-se sua área específica de pesquisa e metodologia, são desenvolvidas com determinada intencionalidade, que pode referir-se tanto ao sentido próprio de cada uma – nível preliminar – quanto a uma perspectiva de transcendência e finalização última – nível profundo. Em linguagem metafórica, esta intencionalidade científica pode deter-se dentro de limites superficiais ou descer para uma maior profundeza. Pode também sofrer desvios por interesses que desrespeitam a natureza dos entes ou obstaculizam, e mesmo contrariam, sua ultimação existencial.

Convém considerar que há ciências do mundo físico e abstrato e que outras se situam no campo humano. Esta diferenciação ganha importância quando tais ciências se referem a áreas culturais relacionadas de forma direta ou indireta com o domínio religioso. Com este enfoque, Tillich classifica as ciências em dois grupos:

a) *ciências experimentais ou empíricas*. Nelas, a realidade é a medida da exatidão, e esta é uma só. Mas, quando há dois pontos de vista contraditórios, apenas um pode estar correto, ou ambos errados;

b) *ciências culturais*. Nelas, o ponto de vista do investigador é elemento integrante, um momento da história do desenvolvimento da cultura, a concretização de uma ideia cultural. Tillich distingue nesta categoria diversas sistematizações, especialmente a *filosofia da cultura*, orientada para as formas universais, para os *a priori* de toda cultura; a *filosofia da história de valores culturais e a tipologia de criações culturais*: ambas, juntas, encaminham uma transição das formas universais – por meio da multiplicidade de manifestações concretas – para um ponto de vista individual; *ciência cultural normativa*, que dá ao ponto de vista concreto uma expressão sistemática. As filosofias orientam para o universal, para os *a priori*, para o categorial, sempre com base no mais amplo empirismo, e são abertas a outros valores e conceitos. As ciências normativas, como a teologia, dizem respeito ao particular, ao material e ao que se supõe ser válido nas várias ciências culturais.[82]

Nas ciências culturais, o homem é ao mesmo tempo sujeito e objeto de pesquisa. O enfoque determina não apenas o que se estuda e como se interpretam as criações culturais e espirituais, mas também se refere ao ato de criar cultura. A questão do verdadeiro e falso perde relevância. Assim, não se pode caracterizar simplesmente como verdadeiras ou falsas a estética gótica e barroca, a teologia católica e a teologia protestante, a ética romântica e a puritana. Também não é possível criar conceitos culturais universais que sejam úteis. Conceitos abstratos são inadequados para a compreensão das multiformes criações e visões

---

[82] TILLICH, Paul. Die religiöse Substanz der Kultur: Über die Idee einer Theologie der Kultur. *Gesammelte Werke Band IX*. Stuttgart, Evangelisches Verlagswerk, 1967, pp. 13-14.

individuais. Não se estuda o que é religião e arte por meio de abstrações, pois pela abstração se elimina o elemento essencial, isto é, as formas concretas.[83]

No *segundo momento* da reflexão, consideramos a *religião* uma dimensão fundamental do processo de construção cultural. Em páginas anteriores, a religiosidade já foi objeto de reflexão, sendo-lhe consideradas, de modo especial, a natureza e o dinamismo. Agora, complementando o que já foi pensado, a realidade religiosa será retomada em sua relação com a cultura.

Indagando sobre nossa origem e o mistério que envolve grande parte de nossa existência e a do universo em que habitamos, preocupando-nos, pensativos ou temerosos, com as incógnitas da morte, conjeturando sobre a possibilidade de vida após o passamento, buscando explicação sobre o porquê da dor e do sofrimento, dando vazão a desejos de perenidade e de realização plena ou alimentando aspirações por uma felicidade verdadeira e duradoura, penetramos em nosso interior profundo, na morada da religião, se assim, em linguagem metafórica, pudermos denominar a dimensão religiosa do ser humano.

Nesta morada, as coisas do cotidiano são vistas com olhar diferente do habitual: não se lhes olha apenas o exterior mas sobretudo o interior; não tanto o pragmático e o útil, antes o importante para o crescimento existencial e o significado para a vida em termos de valores. Não se contempla apenas o imediato; ausculta-se também o remoto no tempo e o distante no espaço. É o âmbito apropriado da descoberta e definição do sentido e do rumo de vida e do discernimento de intencionalidades no agir.

Não há, neste domicílio, compartimentos e divisórias entre as diversas dimensões da consciência humana, do sentimento, da volição e da razão, que aí estão como que em seu nascedouro,

---

[83] ADAMS, op. cit., p. 69.

sem espacialização, interpenetradas e inseridas no processo de desenvolvimento integral, assumido livremente. O elemento religioso não constitui um princípio ao lado de outros na vida do espírito, antes é relevante em todas as áreas espirituais. Subjacente a elas e perpassando-as, a religiosidade é um referencial iluminador para a tomada de decisão e para opções que atendam às verdadeiras necessidades do perfazer humano. Aí também está uma fonte inesgotável de energia vital, que o eu consciente integra no processo de construção da personalidade. Aí igualmente está o nascedouro de utopias e grandes ideais, que dão dinamismo e orientação à existência.

Nesta moradia não há paredes opacas, tudo é transparente. Ela é um centro de comunicação e equilibração interna, só tornada possível pela intercomunicação com os outros humanos e o cultivo de contatos com o mundo de todos os entes. Nela se evidencia com vigor que a existência humana é uma coexistência: somos, existimos e nos realizamos com o outro, no relacionamento de reciprocidade. Cada ente humano afirma sua autonomia na construção da autonomia dos outros. Experimenta-se perpassar, em todos os domínios e dimensões de nosso ser, uma tendência irreprimível de relações e transcendência, não só de transposição da soleira do próprio ser historicamente condicionado, mas também de ida para além de nós e de nosso mundo, para um mundo sem medida, além do espaço e tempo.

O chão desta habitação no interior humano é feito de desejos que transcendem os limites existenciais e históricos, na busca de algo ou de alguém que possa atender aos anseios ilimitados que emergem nessa profundidade. Deste chão nasce a crença na existência de um ser infinito, a quem as religiões deram um nome: Deus, Pai-Filho-Espírito Santo, Javé, Alá, Olorum e muitas outras denominações. Os indígenas brasileiros o chamam de Tupã. Por isto, este chão no íntimo de nós é sagrado, porque reservado especialmente para a comunicação com o ser divino. É a sede da experiência mística, pela qual o ser humano, na sua ânsia por um ser infinito, sente-se acolhido por ele.

Esta morada interior integra o mistério do ser humano. A experiência que dele fazemos é inefável, não pode ser expressa por nossos sistemas linguísticos convencionais. Há necessidade de recorrer à linguagem dos símbolos, que nos convida a penetrar nesta realidade profunda com a totalidade de nosso ser, valorizando também os sentimentos e a intuição, e não apenas a razão. As religiões podem ser designadas como sistemas simbólicos, pelo fato de terem de recorrer à simbologia, em suas variadas formas, para expressar sua fé e crenças e as correspondentes atitudes de veneração, assim como a organização do culto e das celebrações.

Em sua primeira conferência pública de 1919, Tillich traz um novo enfoque à reflexão precedente. Para ele, "religião não é um sentimento, mas uma atitude do espírito, em que o prático, o teorético e o sentimental integram-se em uma complexa unidade".[84] Esta complexa unidade religiosa não é algo errático e sem destino, mas é um dinamismo direcionado, voltado para determinado ponto de convergência: "Religião é o direcionamento para o Incondicionado". A tendência para o Incondicionado ou o Absoluto se percebe dentro da "experiência de uma realidade absoluta". Tal experiência de absolutidade pode dar-se em duas direções opostas: experiência de uma "absoluta nulidade de todos os entes, nulidade de valores, nulidade da vida pessoal", levando a um "radical Não". Ou "experiência de uma absoluta realidade", de um "radical *Sim*".[85]

Explicando esta experiência, Tillich diz que "não é questão de uma nova realidade ao lado ou acima de coisas", mas, que, mediante coisas, fazemos a experiência de um radical "sim" e "não". Religião "não é uma coisa existente; mas, em linguagem

---

[84] TILLICH. Die religiöse Substanz der Kult..., p. 17.
[85] Ibid., p. 18.

mística, é o Super-existente, que é ao mesmo tempo o absoluto Nada e o absoluto Algo". Repete que a religião, assim entendida, "não é uma realidade existente, mas, antes, uma realidade-de--sentido, a derradeira, a mais profunda, a mais estremecedora e a sempre renovadamente criativa realidade-de-sentido".[86] Fica assim claramente definido o caráter de direcionamento, de indicação de sentido, como uma das conotações básicas da religião, aspecto que ele retoma com insistência.

Além de não identificar a religião com o sentimento, Tillich também não a identifica com outras esferas humanas, mas afirma que é um direcionamento do espírito que envolve todas elas. A religião não pode ser territorializada, como se fosse uma dimensão ao lado de outras. Ela perpassa todas as potencialidades e elementos constitutivos da existência humana. Não é uma construção abstrata ou mera abstração. É algo vivo, existencial, inerente aos homens e mulheres de todos os tempos e lugares. Emerge da realidade íntima profunda, sob a forma de sentimentos de admiração, alegria, medo, temor diante dos mistérios da vida e da morte, e de crença em seres superiores, de desejos e aspirações, de tendência de crescimento, de superação de limites, de conexão com o mundo, de relacionamento. Ela impregna também as manifestações culturais que expressam autenticamente o que o ser humano é e deseja em decorrência de sua realidade profunda. A religião é a base, a substância da cultura; é aquilo que dá a significação última a todas as formas culturais.

---

[86] Ibid., p. 18.

2. Relação entre cultura e religião

Dentro dos objetivos desta obra, de colaborar na construção de uma base antropológico-cultural para o Ensino Religioso, a reflexão chega a seu cerne, ao enfocar a relação entre cultura e religião. Depois de algumas reflexões preliminares, serão abordados dois aspectos: a) na fronteira entre religião e cultura; b) categorias básicas de análise da polaridade religião *versus* cultura.

2.1. Reflexões preliminares

Como início, caberia uma verificação histórica do nexo entre estes dois termos. Existem, de fato, numerosos e abalizados estudos sobre esta matéria, devidamente comprovados pela ciência das religiões. Parece, pois, dispensável deter-me sobre elementos comprobatórios desse liame. Bastaria, por exemplo, referir-nos às numerosas pesquisas de Mircea Eliade, que constituem uma análise séria e ampla da realidade religiosa nas culturas de diversos povos, desde os tempos míticos até as civilizações contemporâneas.

Importa ressaltar que Eliade e, em geral, todos os pesquisadores da fenomenologia religiosa não se limitam ao lado exterior da sinalização religiosa observável em grupos humanos, em fatos e objetos, mas buscam captar a essência dessas manifestações. Põem em destaque que não basta olhar, com mera visão empírica, o exterior dessas produções de cultura, mas que é necessário tornar-se sensível a valores espirituais em vista de poder descobrir o significado interior que inspirou e motivou os homens na efetivação das obras culturais. Esta significação, subjacente às formas objetivas da cultura, como já vimos, é justamente de índole sagrada. Mircea Eliade, ao tratar da estrutura e morfologia do sagrado, fala de uma dupla revelação nos "fatos sagrados", ou seja, de uma hierofania e de uma situação humana:

> Esta heterogeneidade dos "fatos sagrados" começa por ser perturbante e acaba, pouco a pouco, por se tornar paralisante, pois

se trata de ritos, de mitos, de formas divinas, de objetos sagrados e venerados, de símbolos, de cosmologias, de teologúmenos, de homens consagrados, de animais, de plantas, de lugares sagrados. [...] Aí, qualquer documento é para nós precioso, em virtude da dupla revelação que realiza: 1º) revela uma *modalidade do sagrado*, enquanto hierofania; 2º) enquanto momento histórico, revela *uma situação* do homem em relação ao sagrado.[87]

Ainda que os documentos aqui relacionados por Eliade sejam explicitamente sagrados, denotam com clareza o caráter cultural pela intervenção humana, ou seja, pelo fato de homens e mulheres executarem ritos e fabricarem objetos, recorrendo à imaginação e à reflexão nos contos mitológicos e na adoção de símbolos, e ainda pela intencionalidade de atribuir caráter sagrado a seres humanos, a plantas e animais, a determinados espaços e a fenômenos da natureza física. Percebe-se, pois, íntima relação entre a ação cultural e a religião. Pode-se acrescentar que estes "objetos sagrados", além de um conteúdo religioso que os impregna e que é exteriorizado por diferentes "modalidades do sagrado", também revelam *uma situação* ou estágio cultural do homem em relação ao sagrado, isto é, sua compreensão da sacralidade e suas atitudes em relação a ela.

Segundo nosso autor referencial, a religião está presente e ativa em todos os domínios da vida espiritual, na totalidade da cultura e em toda cultura. Consiste na experiência de uma realidade incondicionada e absoluta, aliás correlativa a uma outra experiência, não menos absoluta e radical, a do nada e da vanidade dos entes, dos valores e de toda vida pessoal. A pergunta pela origem, destinação, sentido e valor de coisas, fatos e pessoas e do próprio ser, não tanto e, sobretudo, não só em uma visão imediatista, mas em uma perspectiva de maior radicalidade existencial, indagando sobre o sentido último e a importância suprema, é que nos leva

---

[87] Eliade, Mircea. *Tratado de história das religiões*. Trad. Fernando Tomaz e Natália Nunes. 2. ed. São Paulo, Martins Fontes, 2002, p. 8.

à experiência do Incondicionado, própria da dimensão religiosa do ser humano.

O "fundo" ou a ultimidade das ações culturais é de índole religiosa e constitui, em relação a elas, o fundamento de sentido e não sentido. A religião é a experiência de um sentido último, incondicional, que ocorre, não à margem, mas dentro e por meio da realidade cotidiana. Toda concepção cultural é marcada pelo sagrado como sendo de incondicional validade; e disto se pode ter consciência explícita ou implícita. Segundo a visão do primitivo humanismo grego e do humanismo cristão da Renascença, cada forma cultural apresenta-se transitória e superficial, adveniente do chão profundo de onde surge o Incondicionado. Ainda que o sistema racional não admita o elemento extático no incondicional-mente válido, assim mesmo, a verdade em toda *ratio* tem origem e fundamento nesta incondicionalidade. Em uma visão teológica, pode-se afirmar com Tillich: "Deus é a própria profundidade da existência".[88] Esta radicalidade religiosa do ser humano expressa-se e transparece no agir humano, no seu *ethos* e cultura, no conjunto de costumes e hábitos fundamentais, nos procedimentos, na apropriação de valores, ideias e crenças, que caracterizam determinada coletividade, época ou região.

Considerando-se as funções próprias à multiplicidade de formas culturais, podemos classificá-las em funções teoréticas e funções práticas. São teoréticas as funções intelectuais e estéticas, pelas quais o espírito percebe o objeto, valendo-se da contemplação ou intuição e da teorização. São práticas as funções de ética individual e social (incluindo a lei e a organização comunitária), pelas quais o espírito visa penetrar ou permear o objeto e impor-lhe forma.[89] Uma outra classificação leva a distinguir entre as funções culturais explicitamente religiosas e as meramente culturais. Combinando-se

---

[88] TILLICH. Paul. *The shaking of the foundations*. New York, Charles Scribner's Sons, 1948, p. 52. In: GABUS, op. cit., p. 21.

[89] TILLICH. Die religiöse Substanz der Kultur..., p. 17.

o princípio religioso ("substância religiosa") com a função cultural, podem resultar diferentes tipos de realidades religioso-culturais.

Assim, por exemplo, pode surgir: uma esfera cultural especificamente religiosa relativa ao conhecimento religioso: mitos, dogma; uma esfera de estética religiosa: culto; uma área de formação religiosa de pessoas: consagração; uma forma social religiosa: a Igreja com sua lei e código ético próprios. Evidentemente, há outras esferas sem esta conotação especificamente religiosa, nas quais, entretanto, o princípio religioso também se encarna e pode ficar evidenciado.[90]

O nexo estrutural entre cultura e religião, Tillich o cunhou com a seguinte frase, muitas vezes repetida e que já perpassa sua exposição de 1919: "A cultura é a forma da religião e a religião é o conteúdo ou a substância da cultura".[91] Estes termos, "conteúdo" ou "substância" (Gehalt, Substanz), não significam que toda cultura seja necessariamente religiosa por natureza ou que tenha um conteúdo diretamente religioso. Aliás, este autor insiste em que a cultura nunca é direta e imediatamente religiosa. Segundo ele, a asserção agora citada aplica-se tanto a uma cultura puramente secular quanto a uma cultura mais diretamente influenciada por uma religião institucionalizada. Significa apenas que a religião é a base da cultura, o princípio que dá significação última a todas as formas culturais. Para aceitar esta assertiva na reflexão e prática, requer-se uma concepção quase mística da realidade religiosa e profana. Tillich herdou algo desta propensão teológico-filosófica de Boehme e Schelling. Além disso, toma como base deste mote a doutrina teológica luterana que ensina que o finito é capaz do infinito e que há, pois, interpenetração das naturezas divina e humana em Cristo.[92]

---

[90] Ibid., pp. 16-17.

[91] Tillich, Paul. Über die Idee einer Theologie der Kultur. 2. Verl. In: *Gesammelte Werke I*. Stuttgart, Evangelisches Verlagswerk, 1959, pp. 320 e 329.

[92] Gabus, op. cit., pp. 18-19.

Entre religião e cultura existe certa relação dialética. A religião não pode desfazer-se de uma voz persistente, absoluta e universal ligada à ideia de Deus. Não pode tolerar ser confinada a uma área especial da cultura ou a um lugar à parte. Com a compreensão de uma espacialização da religião dentro da cultura, a religião torna-se supérflua e desaparece quando determinada cultura ou território cultural se fecham sobre si mesmos e procuram se bastar sem religião. Por outro lado, a cultura clama por religião, da qual não pode desfazer-se sem entregar sua própria autonomia, e, por isto, não pode desfazer-se da religião sem se desmanchar a si mesma. A cultura deve definir a forma pela qual expressa cada conteúdo, inclusive o "absoluto". A cultura – diga-se, a ação humana construindo cultura – não pode permitir-se destruir a verdade e a justiça em nome do absoluto religioso. Como a substância da cultura é a religião, assim a forma da religião é a cultura.[93]

Não se pode fazer com agudeza uma distinção entre religião e cultura. A religião sempre assume forma cultural, e a cultura, como expressão da totalidade do ser humano, sempre tem a ver, de maneira próxima ou distante, com a derradeira fonte de sentido, que é a religião. Tillich nos ajuda a compreender a distinção entre ambas. Para isto, recorre à impressão que renomadas obras artísticas deixam em seus admiradores. Será difícil afirmar se esta influência ou emoção é, para os aficionados, uma experiência cultural ou uma experiência religiosa. Tillich pensa que:

> Talvez seja correto dizer que esta experiência foi, para eles, cultural, no referente à forma; e religiosa, no referente à substância. É cultural, porque não se liga a uma atividade ritual específica; e é religiosa, porque suscita questionamentos sobre o absoluto e os limites da existência humana.[94]

---

[93] TILLICH, P. *The interpretation of history*. New York, Charles Scribner's Sons, 1936. p. 50. [Trad. para o inglês por Rasetzki e Talmey.] Cf. ADAMS, op. cit, p. 72.

[94] Ibid., p. 68. O texto original encontra-se em *Gesammelte Werke, Band XII*. Stuttgart, Evangelisches Verlagswerk, 1971, p. 42.

Percebemos aqui duas categorias que são fundamentais na análise da interpenetração recíproca entre religião e cultura: trata-se da forma e da substância, como ainda veremos mais detidamente. É oportuno assinalar os dois níveis de exame desta diferenciação: a cultura é considerada em seu nível preliminar, imanente à sua forma condicionada; e a religião, no nível profundo da cultura, âmbito próprio de questionamentos existenciais, da formulação de sentido e de abertura ao transcendente.

Prosseguindo na análise, Tillich deixa claro que em toda modalidade de cultura está presente a dimensão religiosa:

> Isto é verdadeiro e vale para a pintura, para a música e a poesia, e também para a filosofia e a ciência. E o que é válido na intuição e no conhecimento do mundo é igualmente válido na feitura de leis, na formação de hábitos, em moralidade e educação, em comunidade e estado.[95]

Ele deixa evidente que a religião incide na totalidade do vasto e variado campo da cultura: arte, filosofia, ciência, ética, política, vida social e educação. Explica a seguir que a dimensão religiosa é própria do ser humano, em seus pensamentos e ações, e se manifesta especialmente no afrontamento de dúvidas e nos questionamentos existenciais. Também na cultura não explicitamente religiosa, o indagar pelo sentido incondicionado denota a religião nela subjacente:

> Onde quer que seja que a existência humana se torne, em pensamento ou ação, assunto de dúvidas e questionamentos, onde quer que seja que o sentido incondicionado se torne visível em ações que só possuem sentido condicionado em si mesmas, aí, a cultura é religiosa.[96]

---

[95] Ibid., p. 42.
[96] Ibid., p. 42.

Esta argumentação sobre a relação íntima e indissociável entre cultura e religião foi, para Tillich, fruto de experiência, reflexão e opção: "Pela experiência do caráter substancialmente religioso da cultura, fui conduzido para a fronteira entre cultura e religião e nunca mais saí dali".[97]

a) Na fronteira entre religião e cultura

Esta experiência de estar na fronteira entre religião e cultura merece ser considerada em seu ponto de partida, como ela se originou e desenvolveu em Tillich, para que possamos confrontá-la com experiências similares e para que nos ajude a compreender o pensamento deste autor. Em páginas anteriores já foi referido como esta sua aptidão de articular diversos saberes e de correlacionar diferentes realidades foi fruto da experiência de vida e de muita reflexão e diálogo, chegando ao amadurecimento da ideia de uma síntese entre cultura secular e fé viva. Diversos eventos lhe foram de grande valia neste propósito e o ajudaram a descobrir, na profundidade das produções culturais, a relação entre forma e conteúdo, correlacionando-as com autonomia, heteronomia e teonomia.

O serviço de capelão militar na linha de frente da Primeira Guerra Mundial o fez descobrir o grande fosso entre a Igreja Luterana oficial e as classes trabalhadoras; ficou-lhe também clara a dimensão social do problema da relação entre fé e cultura. Nas horas de folga, durante esta temporada de assistência religiosa, estudou história da arte, que lhe despertou grande interesse. Além do estudo, experimentou a força de expressão da arte. Durante a última licença do *front*, em Berlim, no Kaiser Friedrich Museum, a contemplação de uma *Madonna* de Botticelli converteu-se, para ele, em uma espécie de revelação. A partir dali, toda sua filosofia da religião e da cultura, e mesmo o conceito da revelação,

---

[97] Ibid., p. 42.

baseia-se nesta experiência. Para ele, o peculiar gozo das obras de arte "faz delas a mais beatífica expressão humana de paz". Elas revelam o que é o caráter íntimo de uma situação espiritual, quer se trate de um evento histórico particular quer da condição humana geral. A arte "realiza isto de maneira mais imediata e direta do que a ciência e a filosofia, pois está menos carregada de considerações objetivas".[98]

O símbolo artístico ou religioso, segundo Tillich, tem a função de descobrir uma nova dimensão do ser e despertar a dimensão correspondente na alma de quem o contempla.[99] Vejamos mais de perto a contemplação do quadro de Botticelli, que foi para Tillich de especial inspiração.

Esta *obra de arte* irradiava *grandeza*, porque traduzia, nos traços e formas da pintura, algo dos sentimentos profundos da Virgem, algo da grandeza infinita e enlevada da alma, algo de transcendente e inefável. Esta realidade profunda, a *substância ou conteúdo espiritual*, sintonizava com a alma, com os sentimentos e o ser profundo do contemplador, neste caso, Tillich.

Considerando *o artista*, Botticelli, damo-nos conta de que, pela *forma* (cujo *objeto*, neste caso, é a Virgem Maria; em outros quadros, em vez de objeto, poder-se-ia falar em *assunto* ou *tema*), procura expressar algo do íntimo e profundo da Virgem e com isto revela também algo de seu próprio espírito, de seus sentimentos, dando forma, criativamente, a sua sensibilidade e intuição.

Para *perceber* ou *captar* esta substância ou conteúdo na forma artística, o contemplador necessita, segundo Tillich, de certa *atitude mística* diante da obra de arte, não importando que seu

---

[98] TILLICH, Paul. *The religious situation* [versão inglesa por H. Richard Niebuhr]. New York, Henry Holt & Co., 1932. pp. 53-54. Cf. ADAMS, op. cit., p. 66.

[99] Na publicação *Auf der Grenze*; aus dem Lebenswerk Paul Tillich's. Stuttgart, 1962, p. 23 (esta edição contém notas autobiográficas publicadas em *The interpretation of history*), lemos: "Ich stand vor einem der runden Madonbilder von Botticelli. Und in einem Moment für den ich keinen anderen Namen als den der Inspiration weiss, eröffnete sich mir der Sinn dessen, was ein Gemälde offenbaren kann".

objeto seja explicitamente religioso (como no quadro da *Madonna* de Botticelli) ou aparentemente se mostrar profano. Dito de outro modo, requer *sensibilidade*, que não se prende ao objeto da obra e sabe perceber, na forma, o sentido, a inspiração e a realidade profunda.

Também a contemplação de obras de arte expressionista,[100] na Bauhaus de Berlim, proporcionou a Tillich inspiração parecida à que obteve com a pintura de Botticelli. Confirmou-lhe a convicção de que o símbolo artístico ou religioso é uma *criação original do espírito*, que *une* o pensamento e o ser, uma *forma* condicionada e um *conteúdo incondicionado de sentido (unbedingter Sinngehalt)* e *faz aparecer* este sentido incondicionado por sua *irrupção por meio da forma*, sem destruí-la.[101]

Explicitemos isto melhor: trata-se de uma criação *original* do espírito do artista, uma expressão consciente e refletida (pensamento) de seus sentimentos profundos. Não de simples cópias desprovidas deste envolvimento expressivo do artista.

A *obra de arte*, em sua *forma* (distinta de *forma natural*, constituída de materiais dados, de coisas ou acontecimentos, distinta também de *forma preexistente* em obras culturais anteriores ou de terceiros, que, em ambos os casos, são transformadas pelas funções racionais do homem na realização de obras artístico--culturais), tem algo de *grandeza* e de transcendente: *não* como expressão de algo do tema ou realidade que serve de inspiração; mas, *sim*, como expressão dos sentimentos profundos do artista que foram despertados nele por esta realidade ou tema.

O *artista* procura expressar, por meio da forma artística, algo que se passa nele, suscitado pela contemplação da realidade ou fato.

---

[100] O Dicionário Houaiss define o expressionismo como "o movimento artístico que procura retratar, não a realidade objetiva, mas as emoções e respostas subjetivas que objetos e acontecimentos suscitam no artista".

[101] TILLICH. Auf der Grenze, pp. 226-227. In: GABUS, op. cit., p. 18.

A *forma* artística torna-se elemento importante, pois: *une*, no artista, seu *pensamento* com o seu *ser* profundo, de onde emerge o sentido incondicionado; mediante essa *forma condicionada*, o artista faz emergir a substância espiritual ou *conteúdo incondicionado de sentido*.

A pedra de toque, ou seja, o critério de avaliar uma obra artística, é sua força de expressão e não a natureza ideal daquilo que é expresso. "A validade existencial de coisas, da qual a arte procura apossar-se, é a revelação do puro ser, da validade incondicional na forma particular das coisas". Sendo assim, contudo, "a tarefa imediata da arte não é de apreender a essência, mas de expressar o sentido."[102] Referindo-se a obras-primas de Miguel Ângelo, na Capela Sistina, Tillich exclama: "Algo de sentido eterno confere grandeza a estas pinturas". Este "sentido eterno" não é atribuído por ele aos temas das pinturas, como os da criação, do juízo final e outros, mas, sim, ao vigor expressivo que leva a transcender para o sentido incondicional e eterno.

As obras de arte propiciaram a Tillich a experiência do acesso ao sentido último de fatos e realidades, de sentir-se tocado no seu íntimo, em sua própria dimensão religiosa. Como vimos, a ultimidade das coisas é de índole religiosa e a religião está presente e ativa em toda cultura e não apenas nas expressões culturais informadas pelos princípios da estética. Podemos experimentar a ultimidade ou sentido último em todas as coisas. Assim, a experiência do sentido último e do sagrado, dentro e por meio da realidade cotidiana, partindo do sentimento e da intuição, pode ser feita não só por via estética, mas também pelo caminho ético e pela coerência racional, abrangendo a totalidade da cultura. Vamos analisar outros aspectos desta questão, valendo-nos ainda do pensamento de Tillich.

---

[102] TILLICH. *The religious...*, p. 53. Cf. ADAMS, op. cit., p. 67.

b) Categorias básicas da polaridade cultura e religião

No processo de construção cultural, é relevante saber se uma forma cultural é vazia de sentido ou se contém sentido. Para isto, é oportuno lembrar que só existe cultura com intervenção humana. E o homem, em princípio, toma parte nesta obra com a totalidade de seu existir histórico. Pelo pensamento, por sua faculdade cognitiva, segrega as modalidades de apreensão e de expressão do real, ou seja, o método e a linguagem, constituindo-as em *forma* de conhecimento. Do profundo humano, povoado por desejos de infinitude e perpassado pelo dinamismo de relacionamento e superação, procede o *conteúdo* do conhecimento. O espírito, dispondo todas as potencialidades humanas, une o pensamento (que segrega a forma) ao ser (que fornece o conteúdo) na criação cultural, conferindo a esta o direcionamento adveniente da profundeza íntima. A cultura assim edificada adquire importância e valor, realiza o sentido que lhe é atribuído, efetua a *Sinnerfüllung*, expressão usada por Tillich.

A polarização do binômio forma-conteúdo pode originar três tipos de cultura, conforme a predominância de um ou outro de seus elementos. Se predominar a *forma* em relação ao *conteúdo* (f>c), a cultura será autônoma, com intencionalidade restrita a este nível formal, e será, ademais, de caráter laico ou profano se estiver voltada para uma significação imanente e sua tendência unificante se situar igualmente no mesmo nível de imanência e condicionamento. Predominando o conteúdo ou substância espiritual sobre a forma (c>f), a cultura será teônoma, pois estará voltada para um sentido último e transcendente e seu caráter será marcadamente religioso. Quanto maior a forma, tanto maior a autonomia. Quanto maior a significação do conteúdo, tanto maior a teonomia. Se existir um relativo equilíbrio entre ambos os polos (f=c), a cultura pode se enquadrar no tipo clássico.

No pensamento autônomo, a cultura pode ter sua intencionalidade circunscrita às formas condicionadas, sem se franquear a uma perspectiva teônoma, para o Incondicionado. Uma cultura assim, puramente formal, isto é, dentro dos limites da forma, fica sem conteúdo e vazia de sentido. Como ação humana, toda cultura é uma realização consciente, intencional e supostamente livre. Quanto mais humana, tanto mais perfeita ela será como cultura. E ela será mais humana e perfeita quanto mais se harmonizar com as aspirações básicas do ser humano que o impulsionam para além dos limites e condicionamentos, e quanto melhor expressão der à dimensão religiosa, que é o *habitat* dos grandes ideais. O pensamento autônomo, ficando dentro dos limites de autonomia condicionada, retém também a cultura dentro das formas condicionadas, privando-a da intencionalidade e do dinamismo do ser e impedindo a este de conferir-lhe o conteúdo da própria realidade incondicionada. E uma cultura meramente formal (assim como uma arte sem grandeza) é vazia de sentido. Uma cultura que se quer verdadeiramente autônoma, isto é, que preencha o que lhe é próprio, de revelar o conteúdo do ser, há de direcionar-se para o Incondicionado, voltar-se para a dimensão religiosa. Cabe então a fórmula de Tillich: "A religião é o conteúdo, a substância da cultura e a cultura é a forma da religião".[103] Isto pressupõe que a cultura, enquanto construção humana, se apoie e se fundamente em uma tomada de consciência teônoma da realidade última.

Em continuação, passamos a considerar sucintamente alguns aspectos nucleares do pensamento de Tillich e que se configuram como categorias de seu pensar. Tais conceitos integram a polaridade cultura e religião, na qual podem servir de critérios e referenciais para análise de fatos, situações e realidades, sob o ponto de vista religioso-cultural. Nesta perspectiva constituem instrumental importante para o Ensino Religioso. Apresento estas noções fundamentais no binômio *forma–conteúdo* e em duas

---

[103] TILLICH. Über die Idee einer..., pp. 320 e 329.

tríades: *autonomia–heteronomia–teonomia* e *auto-integração–autocriatividade–autotranscendência.*

Forma e conteúdo

Nos anos iniciais de sua construção teórica, Tillich explicava a relação entre o conteúdo e a forma por meio da metáfora do sistema solar. O sol representa o conteúdo, também identificado por substância e sentido último; e a órbita de um planeta sinaliza a forma. Cada planeta está sob a influência do sol, seja pelo poder de atração quando está próximo, seja pela força do movimento gravitacional quando está distante. Em ambas as posições na órbita se verifica a energia solar. Assim também, para cada forma cultural existe maior e menor proximidade ou afastamento do conteúdo. Há estilos em que a predominância do conteúdo sobre a forma se evidencia, como também há outros em que a forma predomina. Contudo, nos dois estilos existe expressão do conteúdo, da substância.[104] Esta metáfora, Tillich a aplica explicitamente à arte. Mas, enquanto alegoria, pode ser usada apropriadamente em outras formas culturais.

A *forma* e o *conteúdo* são categorias de base referentes à cultura e à religião. São sempre referenciadas a uma *situação histórica particular.* Para facilitar ainda mais sua compreensão, retomamos a experiência de Tillich em que ele discerne, na pintura da *Madonna* de Botticelli e na arte expressionista, uma *forma condicionada* e um *conteúdo incondicionado* de sentido. Recordamos como, por esta forma condicionada, o artista chega a expressar um conteúdo incondicionado de sentido. Refletindo, damo-nos conta de que, dentro dos condicionamentos do objeto historicamente limitado, dos materiais a seu uso, dos recursos

---

[104] Tillich. P. Religiöser Stil und religiöser Stoff in der bildenden Kunst. *Das neue Deutschland*, IX, p. 155, 1921. Cf. Adams, op. cit., p. 79.

disponíveis, das limitações de sua própria habilidade, ele rompe, por assim dizer, estes condicionamentos de sua obra cultural e chega a dar-lhe transparência de infinitude e grandeza, que transcendem a mera forma condicionada de sua produção e revelam um conteúdo de inexprimível sentido e valor. Assim, a forma artística se enriquece, adquire importância maior. Quanto mais a forma cultural se tornar transparente em relação ao conteúdo incondicionado, tanto mais ela cresce em importância e se independentiza de seu objeto originante e dos aspectos limitantes que a condicionam.

O movimento relacional entre forma e conteúdo pode modificar a importância de cada elemento na construção cultural. À medida que nesta criação o conteúdo ou substância espiritual é revelado mais intensamente por meio da forma, o objeto originante ou temática dessa ação cultural decresce em importância e mesmo se eclipsa. Em contrapartida a este apagamento do objeto, a forma artística adquire qualidade de ser, cresce em significação e passa a relacionar-se imediatamente com o conteúdo. Assim, em uma criação estética, como o quadro da *Última ceia* de Leonardo da Vinci, o objeto próprio ou assunto da pintura – a *Última ceia* – perde em importância diante da força expressiva da forma artística, pela qual o autor procurou dar vazão ao conteúdo, expressando seus próprios sentimentos profundos diante da cena representada.

Neste exemplo, como na feitura de símbolos artísticos ou religiosos em diversos estilos, como ocorre no expressionismo,[105] a obra de arte é uma criação original do espírito humano que, unindo o pensamento e o ser, une também a forma condicionada ao conteúdo incondicionado e faz aparecer este sentido incondicionado por uma irrupção desse conteúdo por meio da forma

---

[105] Expressionismo: cf. nota 100.

(*Durchbruch*) sem destruí-la. A mesma ponderação aplica-se, em geral, a toda elaboração cultural.[106]

Dentro do processo de definhamento do objeto e da correlata valorização da forma que vem a embeber-se da substância do ser, há também uma correspondente descensão para o mais profundo do ser, para o âmbito do Incondicionado, para a dimensão religiosa. Neste nível profundo, a experiência de uma realidade absoluta acontece como sendo de uma nulidade absoluta, isto é, de um radical "não" e, simultaneamente, de uma realidade absoluta de um radical "sim". Esta experiência de um absoluto "sim" e "não", de um absoluto "algo" e de um absoluto "nada", não é uma nova realidade, não é um ente. É uma *realidade-de-sentido*, que no processo de aprofundamento leva ao sentido derradeiro, ao sentido mais profundo e todo-convulsionador. Trata-se da experiência de uma sempre renovada criação da realidade-de-sentido.[107] Penetrando pela mística e pelo pensamento nesta profundidade, no nível do ser e não ser, do sentido e do não sentido, o sagrado e o profano, o religioso e o cultural, o teônomo e o autônomo não se opõem, mas se pressupõem reciprocamente. E ainda: a ciência autônoma, assim como a ética autônoma, justifica-se e adquire importância e valor.

No binômio das categorias agora em consideração, vamos examinar cada uma. É bom recordar que enfocamos a cultura como construção humana, a partir de uma realidade existencial e dentro de uma história particular. Ela não consiste em ideias abstratas e universais ou mera especulação intelectual; mas, ao contrário, tem concretude e se desenvolve e renova dentro de um processo. A função do espírito humano em relação à cultura é dupla: de um lado, evidencia as formas de apreensão da realidade; de outro, voltando-se para o ser, capta o conteúdo que

---

[106] Gabus, op. cit., pp. 17-18.

[107] Tillich. Über die Idee einer..., p. 77.

o ser fornece ao conhecimento. Portanto, o espírito humano une os dois termos dialéticos, isto é, a forma e o ser, em uma síntese que, como já mencionado antes, Tillich chama de "realização do sentido" (*Sinnerfüllung*).[108] Vejamos:

Forma. As modalidades pelas quais o ser humano se expressa constituem a *forma* da cultura. A pessoa se exprime por meio da linguagem, para se comunicar e se relacionar, e também por meio de ações, para criar e transformar. A linguagem e a tecnologia são duas formas culturais básicas que, à raiz do pensamento criativo, levam a uma variedade infinda e sempre renovada de formas culturais. Pela expressão de si mesmo, pela comunicação e ação, homens e mulheres se constroem e realizam e ainda edificam a pólis, a sociedade dos cidadãos que assumem e conduzem sua vida em comunidade. Formas culturais de terceiros, do passado e do presente, podem ser contempladas, refletidas, assimiladas e reconstruídas aqui e agora. Como já vimos, a dimensão religiosa subjaz a todas as potencialidades humanas pelas quais os humanos projetam e efetuam a cultura, seguindo-se daí que as formas culturais vêm impregnadas de religião e se constituem historização da religião.

> Compreender religiosamente uma cultura [...] é discernir a significação última, autotranscendente desta cultura, mostrar que ela está animada e orientada por uma preocupação última. Esta busca do sentido último [...] far-se-á a partir de uma análise das formas culturais.[109]

Assim sendo, compreendemos que a cultura é a forma da religião e a religião é a substância ou alma da cultura.

Concordamos com Tillich quando afirma que a forma é o elemento mais decisivo em uma criação cultural, pois ela "torna

---

[108] Cf. GABUS, op. cit., p. 18.

[109] GABUS, op. cit., p. 49.

uma criação cultural aquilo que ela é – um ensaio filosófico, uma pintura, uma lei, uma oração. Nesse sentido, forma é a essência de uma criação cultural".[110] Esta afirmação supõe, contudo, que a forma cultural, que é em si condicionada e limitada, expresse algo daquilo que o ente humano é em seu ser profundo e não se reduza a mera configuração de estilo e estrutura. Em outras palavras, sempre de acordo com o mesmo autor, a forma adquire importância essencial quando é teônoma, isto é, quando dispõe seus elementos estruturantes a expressar a realidade profunda do ser humano, que é a dimensão religiosa, e assim deixa transparecer o Incondicionado. A forma cultural autônoma que se mantém no nível condicionado de meramente formal, sem direcionamento para a profundidade do ser humano, fica vazia de sentido, sem significado genuinamente humano. Evidencia-se, assim, que forma e conteúdo se complementam quando a forma é teônoma e o conteúdo, autônomo.

Em uma produção cultural trabalhada esteticamente como obra de arte, é fácil perceber a forma que se abebera do ser e se relaciona com o Incondicionado, quando o artista, ao apreender a forma, tirando-a de seu objeto próprio, também lhe transmite algo da inspiração que brota de seu interior profundo. Em todo fato cultural existe um duplo aspecto, constituindo uma unidade contraditória: de um lado, a dimensão relativa, condicionada, imanente e finita da forma, que remete para além dela mesma, para um sentido transcendente; de outro lado, a dimensão absoluta, incondicional, transcendente do conteúdo ou substância. Podemos ainda dizer que a forma da cultura diz respeito à existência, e o conteúdo da cultura refere-se ao ser em sua essência.

Conteúdo. A segunda categoria referente à cultura e religião procede da profundidade do ser humano. É aquilo que está por detrás das aparências. Diz respeito ao ser, que fornece o conteúdo

---

[110] TILLICH. *Teologia...*, p. 431.

ao conhecimento. É o âmbito do Incondicionado, da teonomia, o nascedouro da convergência para o transcendente, a fonte de aspirações sem limites, de motivações terminantes, de sentimentos fontanais, de questionamentos existenciais. É o *habitat* da religião. Ali se origina o dinamismo de superação dos condicionamentos humanos e reside o foco gerador de critérios para o discernimento da ambiguidade no quefazer cultural. Nesta passagem do ser para o ser-aí, na "clareira do ser", usando uma expressão de Martin Heidegger,[111] encontra-se o manancial do verdadeiro, do bem e do belo e descobre-se o sentido cotidiano e postimeiro da vida, a revelação do que é grande, importante e de valor. Tillich chama a este *Gehalt* da cultura, procedente da profundidade humana, de *conteúdo espiritual* ou "substância de uma criação cultural", substância esta que "é, por assim dizer, o solo a partir do qual a criação cultural cresce".[112] Este crescimento da cultura acontece quando e à medida que seu conteúdo se adentra no ser humano e este se assume livremente no perfazer de si mesmo, pondo-se em comunicação com os outros, com o mundo e o Transcendente. Assim, o desenvolvimento com base na dimensão religiosa efetua-se pelo relacionar-se e transcender-se, pelo ser-com, pelo construir-se-com, pelo comunicar-se com o mundo do Absoluto e dos seres divinos.

Diz Tillich que "a substância não pode ser buscada. Ela está inconscientemente presente numa cultura, num grupo e num indivíduo, dando paixão e poder diretivo àquele que cria, bem como significado e poder de sentido às suas criações".[113] Segundo esta

---

[111] HEIDEGGER, Martin. *Carta sobre o humanismo.* Tradução do original francês por Rubens E. Frias. São Paulo, Moraes, 1991.

[112] TILLICH. *Teologia...*, p. 431.

[113] Ibid., p. 431. Tillich conceitua a substância de acordo com a forma cultural à qual se refere. Assim, em relação à linguagem: "A substância de uma linguagem confere à mesma sua particularidade e sua capacidade expressiva" (ibid., p. 431). Em relação à história e às categorias do ser: "A categoria de substância expressa a unidade permanente dentro da mudança daquilo que é chamado de 'acidentes'. É literalmente aquilo que embasa um processo de vir-a-ser e lhe confere sua unidade, tornando-o algo definido, relativamente estável" (ibid., p. 624). Em relação à causalidade: "O caráter geral da substância é 'identidade subjacente', isto é, identidade com relação aos acidentes mutáveis. Essa

asserção, a substância espiritual existe independentemente da consciência que dela se tenha, revelando-se como sentimento e paixão que impulsionam o homem a uma ação criativa e a se construir individual e socialmente. Esta substância também se constitui em diretriz existencial que confere significado e sentido à criação cultural. Quanto mais profundamente a ação cultural se ancorar na raiz do ser dando um sentido à existência, tanto mais conteúdo humano sua forma veiculará no perfazer de homens e mulheres. Quanto mais estiver voltada para o Incondicionado e, por isso, mais coerente for com a natureza humana, tanto mais autônoma e ao mesmo tempo mais teônoma será. A cultura moderna, porém, de maneira geral, expressa a intencionalidade do pensamento autônomo restringindo-o a formas condicionadas, truncando assim o dinamismo do ser humano de expressar, por meio de formas racionais ou símbolos, o conteúdo do ser, a substância espiritual. Neste caso, a cultura é meramente formal, é vazia de sentido. A cultura que se quer verdadeiramente autônoma, revelando o conteúdo do ser, tem de abrir-se ao Incondicionado, apoiar-se e fundamentar-se em uma tomada de consciência teônoma da realidade última.

O termo "Incondicionado" não designa um absoluto filosófico e nem um "ser" cuja existência se possa ou não provar. Mas, à semelhança do sagrado de R. Otto, o "Incondicionado" designa uma dimensão *sui generis* de nossa experiência, uma espécie de chave de acesso à realidade santa que a palavra Deus designava originalmente.[114]

---

identidade que torna uma coisa aquilo que é tem diferentes características e diferentes relações com a causalidade sob diferentes dimensões" (ibid., p. 630). Relacionando causalidade com substância sob a dimensão da história, Tillich argumenta que desde a transição da pré-história para a história, a criatividade irrompeu na cultura, instaurando um processo de mudança, em que a cultura dada é transformada, sucedendo à cultura dada uma cultura causada e, neste caso, "Substância sob a dimensão histórica pode ser chamada de 'situação histórica'. Uma cultura dada, como discutimos antes, é essa situação" (ibid., pp. 632-633).

[114] GABUS, op. cit., p. 3.

Na abordagem de um fato cultural ou na fazedura de sua construção há um terceiro elemento que já apareceu na reflexão sobre a forma e o conteúdo. Referimo-nos ao objeto originante ou assunto de uma obra cultural. Em *Teologia sistemática*, o autor refere-se a ele quando escreve:

> A linguagem escolhe, dentre a multiplicidade de objetos encontrados, alguns que são significativos no universo dos meios e dos fins ou no universo de expressão do religioso, poético ou científico. Eles constituem o assunto das atividades culturais embora de forma diferente em cada uma delas.[115]

Tratar disso exigiria entrar na complexa questão do simbolismo religioso, o que acarretaria uma digressão do objetivo e uma extrapolação dos limites desta obra. Embora importantes no universo religioso, os símbolos não o são necessariamente na polaridade religião e cultura. Aqui ficam apenas assinaladas algumas realidades que podem constituir assuntos no fenômeno religioso, quando da efetivação do Ensino Religioso. Nesta perspectiva, entendemos por assunto:

– realidades não históricas e fenômenos naturais, preexistentes a determinada criação cultural, mas que nela se integram como objeto a ser refletido e trabalhado;

– experiências, situações e fatos humanos de terceiros, enquanto inseridos no fazimento atual de cultura;

– criações culturais de outros tempos e lugares, tais como saberes (científicos, filosóficos, teológicos), experiências, artes, linguagem, relações, comunicação, costumes, ritos, cultos, valores cultivados etc., isto é, de modo geral, o patrimônio cultural da humanidade enquanto ma-

---

[115] TILLICH. *Teologia...*, pp. 430-431.

téria de reflexão, recriação, ressignificação, renovação e reelaboração.

Entende-se também por assunto novos temas a serem desenvolvidos em criações culturais.

Autonomia, heteronomia e teonomia[116]

O termo *autonomia* vem do grego: <auto> (por si próprio) + <*nomos*> (lei). De maneira geral, pode-se dizer que autonomia é a faculdade de alguém ou de uma nação se governar por si mesmo, por leis próprias. Segundo Kant (1724-1804), "é a capacidade apresentada pela vontade humana de se autodeterminar segundo uma legislação moral por ela mesma estabelecida, livre de qualquer fator estranho ou exógeno com uma influência subjugante, tal como uma paixão ou uma inclinação afetiva incoercível". "O homem é autônomo", diz Tillich, "quando é uma lei para si mesmo."[117] Explica que isto não significa a liberdade de o indivíduo constituir-se em lei própria sem embasar-se em critérios existenciais profundos, mas "significa a obediência do indivíduo à lei da razão, que ele encontra em si mesmo como ser racional. [...] É a lei da razão subjetivo-objetiva. É a lei implícita na estrutura-logos da mente e da realidade". Além de afirmar que o indivíduo humano é convidado a construir-se de forma livre, também enfatiza que isto só acontece tornando-se ele sua própria lei, isto é, quando se assume em conformidade com a natureza de seu ser. Tillich também aplica este princípio ao exercício das potencialidades humanas básicas. Assim, a "razão humana é autônoma quando

---

[116] TILLICH, Paul. Critère chrétien de notre culture. *Comprendre*, n. 19, 1958, p. 204. In: GABUS, op. cit., p. 22, nota 1. E ainda, em *Teologia...*, p. 77 e seguintes.

[117] TILLICH. Critère chrétien..., p. 22, nota 1 e p. 240 (242). As demais citações deste parágrafo são da mesma nota e da *Teologia...*, p. 77.

se conforma com sua própria estrutura sem aceitar interferência exterior". Quando a razão humana, dentro dos condicionamentos limitantes da existência, atualiza sua estrutura sem considerar sua profundidade, ela é autônoma de forma limitada, pois falta-lhe direcionamento teônomo. Também os saberes e os organismos requerem ser construídos autonomamente pelos homens: "A arte é autônoma quando segue a estrutura da arte; a ética, a estrutura da ética; a economia, a estrutura da economia etc.". Esta autonomia, evidentemente, não significa fechamento sobre si, nem como indivíduo e nem como grupo. Necessita ser completada e ela mesma embasada na teonomia.

Em correlação oposta à autonomia está o princípio de *heteronomia*, do grego <heter(o)-> (outro, diferente) + <-nom(o)> (lei, costume). Em uma acepção filosófica, significa a condição de uma pessoa ou grupo que recebe as leis reguladoras de sua conduta, por influência impositiva do exterior ou sob o influxo de um princípio estranho à razão,[118] Tillich afirma que a "heteronomia impõe uma estranha (*heteros*) lei (*nomos*) sobre uma ou todas as funções da razão. Ela emite ordens a partir de 'fora', sobre como a razão deveria compreender e estruturar a realidade".[119] Para ele, estas "ordens" não vêm apenas do exterior do indivíduo ou do grupo. "Mas este 'fora' não é meramente fora. Ele representa, ao mesmo tempo, um elemento na própria razão, isto é, a profundidade da razão. [...] Origina-se, assim, um conflito na própria razão." Tillich explica que "o problema da heteronomia é o de uma autoridade que reivindica representar a razão contra sua atualização autônoma." Neste caso, a heteronomia não apenas é contrária à autonomia mas ainda se fecha sobre si mesma. Contudo, há também uma heteronomia genuína que interpela, não de fora, mas a partir da profundidade da razão: "A base de uma genuína heteronomia é a

---

[118] Cf. *Dicionário Houaiss da Língua Portuguesa* – verbete *autonomia* – e *Novo Dicionário Aurélio*.

[119] TILLICH. *Teologia...*, pp. 77-78. As demais citações deste parágrafo, exceto a última, são da mesma fonte.

113

reivindicação de falar em nome do fundamento do ser, e, portanto, de forma incondicional e última". Neste caso, a heteronomia converte-se em teonomia. Esclarecendo, Tillich afirma que existe uma autoridade heterônoma genuína, provinda desta profundeza, o mais das vezes sob forma de mito e culto: "Uma autoridade heterônoma [genuína] geralmente se expressa em termos de mito e culto, porque estas são as experiências diretas e intencionais da profundeza da razão". Mas adverte não apenas contra formas "não míticas e não rituais que ganham poder sobre a mente (p. ex., ideias políticas)", mas também nos previne de "símbolos intactos do mito e do culto" esvaziados de seu significado original ou não assimilados racionalmente em sua essência, os quais, então, se tornam estranhos e "fazem pressão de fora e impedem o pensamento de desenvolver sua estrutura autônoma". Nestes casos, a heteronomia revela-se como "uma reação contra a autonomia que perdeu sua profundeza e ficou vazia e sem poder". Da mesma forma, a heteronomia provocada por expressões religiosas vazias ou impositivas e, por isto, em oposição à autonomia "gera conflito entre religião e cultura, conflito que nos é familiar há quinhentos anos e ainda não foi resolvido".[120] Colocadas nestes termos, depreende-se facilmente que autonomia e heteronomia têm tudo a ver com teonomia.

Teonomia deriva do grego <theos> (Deus) + <nomos> (lei). Literalmente, lei de Deus. Mas não é esta a acepção que lhe é atribuída geralmente e sobretudo não por exclusividade. R. Cabral fundamenta a teonomia na transcendência e imanência de Deus: "Porque o Criador é transcendente e imanente no homem, a teonomia não é uma forma de heteronomia, incompatível com a verdadeira autonomia da pessoa humana; é, antes, o seu fundamento". Disto se segue, segundo ele, que "a autonomia, sendo

---

[120] TILLICH. *Critère chrétien...*, p. 22, cf. nota 145.

real, não significa absoluta auto suficiência no plano moral".[121] Outros autores, como André Lalande e José F. Mora, este último fazendo referência a Kant, também situam a teonomia no plano moral.[122] Tillich, de sua parte, em primeiro lugar descarta a interpretação etimológica literal, argumentando que, "se significasse apenas isto, teria o mesmo sentido que heteronomia", pois poderia ser entendida como lei vinda e imposta de fora. Em segundo lugar, para ele, teonomia "significa que as formas de autonomia crescem por si mesmas sobre seu próprio fundamento, sem serem entravadas".[123] Crescer sobre o próprio fundamento, em linguagem metafórica, significa construção cultural direcionada ao íntimo profundo do ser, ao Incondicionado. Assim, a *profundidade* da razão é algo que precede à razão e transcende suas estruturas em potência e sentido. Esta dimensão profunda da razão está presente no aspecto racional de toda cultura. Tillich chama a esta profundura de "substância" ou "ser-em-si".[124] A razão voltada para a profundidade ou razão autotranscendente, denominada também razão extática, é aquela perpassada por uma preocupação última. Aplicando isto à cultura, podemos dizer, com Tillich: "Uma cultura teônoma é aquela na qual as formas autônomas são realizadas com significação última que dá, a todas as significações preliminares, profundidade e seriedade".[125] Direcionando todas as formas culturais para sua significação profunda e derradeira, "a teonomia opõe-se, pois, tanto ao secularismo vazio e superficial, fechado a toda transcendência, quanto a toda forma de cultura que busca suas normas fora de sua própria problemática".[126]

---

[121] CABRAL, R. Logos. *Enciclopédia Luso-Brasileira de Filosofia.* São Paulo, Verbo, s./d.

[122] LALANDE, André. *Vocabulário técnico e crítico da filosofia.* São Paulo, Martins Fontes, 1999; MORA, José F. *Dicionário de filosofia.* s/l., s./d.

[123] TILLICH. Critère chrétien..., p. 22, cf. nota 145.

[124] TILLICH. *Teologia...*, p. 72.

[125] TILLICH. Critère chrétien..., p. 22, cf. nota 145.

[126] Ibid.

Jean-Paul Gabus, referindo-se a estas três visões conceptuais, diz que Tillich nunca quer apoiar-se sobre argumentação de tipo autoritário, estranho à *autonomia* da razão humana. O pensamento teônomo representa o ideal de todo conhecimento, pois, apoiando--se sobre a autonomia das estruturas racionais e condicionais, é dirigido à realidade incondicional. Esta opção incondicional de Tillich pela teonomia lhe é ditada por sua concepção das relações entre transcendência e imanência. Para ele, como lembrado por R. Cabral, em toda forma condicionada, há uma presença do Incondicionado (o que Tillich às vezes chama de Revelação de fundo – *Grundoffenbarung*). A autonomia requerida por Tillich é uma autonomia que se transcende a si mesma e não que se compraz em si mesma. Além disto, com esta trilogia pretende defender a secularidade do homem moderno até no pensamento teológico; mas ele não cessa de repelir com vigor o *secularismo* de arreligiosidade confessa e o *imanentismo puro* de uma razão fechada sobre si mesma.[127]

A história, como ação humana, é perpassada de intencionalidade. Descobrir o sentido da história e direcioná-lo é uma questão fundamental. Segundo Tillich, o sentido da história é definido e construído a partir das estruturas condicionadas do real, em uma perspectiva igualmente realista e intra-histórica, mas com sentido sempre teônomo de direcionamento para o transcendente e o incondicionado. Este sentido, que não dispensa uma séria análise histórica, é intuído, segundo ele, à luz do ato receptivo de fé. Tal ato de fé, contudo, consiste em uma intuição teológica do ser (*theologische Wesensschau*), que nos abre a profundeza das coisas, faz-nos perceber seu sentido último e nos solicita um engajamento na história, livremente assumido. Só um ato de fé assim entendido, um ato provindo da profundidade humana, isto

---

[127] Cf. GABUS, op. cit., pp. 12-13.

é, um ato religioso, pode fazer perceber e também assumir o sentido da história.

Pelo visto acima, o método intuitivo (*schauende Methode*) que Tillich preconiza apela para uma ontologia, pois o sentido último é também uma realidade divina. Existe, assim, para Tillich, uma correlação entre fé e história, entre filosofia, teologia e ontologia. É com base nesta correlação que ele trata da questão da revelação fundamental (*Grundoffenbarung*) que, para ele, dá sentido à revelação cristã e à de outras religiões e constitui um objeto próprio da teologia. Esta revelação fundamental e universal atesta a presença de um ser divino escondido em tudo o que existe. Quando Tillich se refere, na reflexão estritamente filosófica, ao Incondicionado, à substância ou ao conteúdo de toda religião e de toda cultura, subjaz a seu pensamento esta *Grundoffenbarung* e reporta-se ao *Deus absconditus*. Devemos saber discernir a presença deste "Deus oculto" na dúvida e incredulidade do homem moderno, no vazio cultural de nossa época.[128]

James Luther Adams, outro estudioso de Tillich, depois de uma citação desse autor, conceituando a religião como direcionamento para o Incondicionado, diz que, com esta acepção tillichiana, a autonomia da ciência está inteiramente protegida, pelo menos em princípio, e com ela outras esferas e funções da cultura. Torna-se impossível, em consonância com Adams, qualquer heteronomia. Ao invés disso, a ciência e a cultura, junto com a "religião", são colocadas sob a teonomia da experiência religiosa que se efetua no confronto paradoxal entre ameaça e apoio.

O mesmo princípio da teonomia vale para a ética: não haverá mais duas éticas, uma protegida por sanções religiosas e outra, em paralelo, como ética secular. A ética, apoiada no princípio da teonomia e atendendo às exigências profundas do ser humano, será autônoma e não espacializada. Além disso, com o direciona-

---

[128] Cf. Gabus, op. cit., p. 29.

mento teônomo para o Incondicionado, previnem-se os conflitos entre religião e cultura.[129]

Permanecendo no espaço *condicionado do assunto e da forma* e restringindo-nos a ele, nossa ação e posicionamento ficam igualmente limitados ao sentido condicionado, sem profundeza e sem pendor teônomo. Mesmo assim, dentro dessa delimitação livremente fixada, podemos tender a uma autonomia, assumindo atitudes e efetivando procedimentos objetivamente coerentes, honestos e eficazes, mas sempre limitados.

Assiste-nos igualmente a possibilidade de fixar-nos na *profundeza humana*, que é a esfera da dimensão religiosa, do sentido incondicionado, do conteúdo e da substância espiritual. Neste caso, movendo-nos por uma intencionalidade teônoma, predispomo-nos a desenvolver e manifestar: sensibilidade humana, limpidez transcendente, prática do diálogo, conhecimento da área de saber da religião, apreensão crítica da realidade contextual e engajamento em uma ação sociopolítica de transformação social, conciliando tudo isto com visão e atitudes de fé religiosa.

Na práxis habitual existe uma tensão entre autonomia e heteronomia, situação tensiva essa que tende a resolver-se em uma unidade por um gradual avantajamento teônomo. Do mesmo modo, existe, no eu de todo ente humano, um estado tensionado entre o eu-sujeito e eu-objeto. O eu-sujeito busca sua realização autônoma sem sofrer interferência heterônoma. Em sentido antagônico e contrariando a autonomização está o eu-objeto, que se origina de uma heteronomia de dentro e de fora. Enquanto persistir esta influência heterônoma, perdurará também o eu-objeto. Mas, à medida que o eu se orientar pela tendência teônoma, a tensão eu-sujeito/eu-objeto tenderá a se unificar no dinamismo religioso da profundidade do ser.

---

[129] ADAMS, op. cit., p. 77.

118

Autointegração, autocriatividade, autotranscendência[130]

Trata-se, agora, de ampliar a visão do agir cultural, restrito aos humanos, para uma realidade que abrange a grande maioria dos seres existentes. É a questão fundamental da *vida*, em sua multidimensionalidade e sob suas mais variadas formas, desde a menor bactéria até os seres humanos, passando pela imensa variedade de plantas e animais, todos interligados em um sistema de vida. Nesta perspectiva, numerosos cientistas consideram não somente nosso planeta como também as galáxias, inclusive o universo inteiro, como ser vivo. Uma das características dos seres vivos é a de se associarem, estabelecerem vínculos, estarem ligados em redes. "Não existe nenhum organismo que viva em isolamento."[131] Somos seres solidários e não solitários. "Cada criatura está, de alguma forma, ligada ao resto e dele depende", é o que nos afirma Lewes Thomas, citado por Fritjof Capra em uma de suas obras fundamentais.[132]

Em uma perspectiva ontológica, Tillich conceitua a vida como "atualização do ser". Este conceito é fruto da observação de uma potencialidade particular em seres que se atualizam no tempo e espaço, tanto espécies como indivíduos. A vida constitui, pois, a atualização de uma potencialidade do ser.

Este conceito une duas qualificações principais do ser: o *essencial* (> potencial) e o *existencial* (> ente real). *Potencialidade* é o tipo de ser que tem o poder, ou seja, a dinâmica de se tornar atual. As essências que se tornam atuais sujeitam-se às condições

---

[130] As considerações sobre esta temática inspiram-se principalmente em Tillich. *Teologia...*, pp. 398-470.

[131] Capra, Fritjof. *As conexões ocultas; ciência para uma vida sustentável*. São Paulo, Cultrix, 2004, p. 23.

[132] Capra, Fritjof. *O ponto de mutação*. São Paulo, Cultrix, 2003, p. 272. A citação de Thomas Lewes é extraída de seu livro *The lives of a cell* (New York, Bentam, 1975, p. 6).

da existência, tais como: finitude, alienação, conflito etc. Isto é, sem perderem seu caráter essencial, caem sob o domínio das estruturas da existência: abrem-se ao crescimento e estão sujeitas à distorção e à morte. A vida é uma mistura de elementos essenciais e existenciais.

Sendo a atualização do que é potencial uma condição estrutural de todos os seres e chamando-se esta atualização de "vida", segue-se que o conceito de vida é inevitável. Consequentemente, devemos chamar de processo de vida à gênese de estrelas e rochas, a seu crescimento bem como a seu declínio. O termo "vida" não fica restrito ao reino orgânico.

O *significado religioso do inorgânico* é imenso, mas raramente é considerado pela teologia. O inorgânico tem uma posição preferencial entre as dimensões na medida em que é condição primeira da atualização de toda dimensão. Este é o motivo pelo qual todos os reinos do ser se dissolveriam caso desaparecesse a condição básica fornecida pela constelação das estruturas inorgânicas.[133]

A *dimensão do orgânico é central* para toda filosofia da vida. Linguisticamente, o sentido básico de "vida" é vida orgânica. O termo "vida orgânica" abrange várias dimensões. Assim, no reino determinado pela dimensão animal aparece outra dimensão: a autoconsciência da vida — o psíquico. Além disso, a dimensão orgânica é caracterizada por *Gestalten* ("totalidades viventes") autorrelacionadas, automantidas, autodesenvolvidas e autoperpetuadas.

As diferenças entre as dimensões orgânica e inorgânica estão relacionadas com a teoria da evolução. O surgimento das espécies da vida orgânica põe em confronto dois pontos de vista, o aristotélico e o evolucionista. O primeiro põe o acento na eternidade das espécies em termos de sua *dynamis,* sua potencialidade; o

---

[133] TILLICH. *Teologia...,* p. 399.

segundo destaca as condições de seu aparecimento na *energeia*,[134] atualidade. Este duplo enfoque, com acento diferenciado mas não conflituoso, pode ser assim formulado: a dimensão do orgânico está essencialmente presente no inorgânico; seu aparecimento depende de condições cuja descrição é tarefa da biologia e da bioquímica.[135]

Uma solução análoga pode ser dada ao problema da transição da dimensão do vegetativo à do animal, e ainda, especialmente, ao fenômeno da "consciência interior" de si mesmo que o indivíduo possui. Neste caso, a distinção entre potencial e atual fornece a solução: potencialmente, a autoconsciência está presente em cada dimensão, mas realmente ela só pode aparecer sob a condição de ser animal.

Tillich, em sua própria evolução de pensamento, acompanha ou mesmo se antecipa a estudos sobre a vida como um sistema. O aparecimento de uma nova dimensão de vida depende da constelação de condições que tornem possível o aparecimento do orgânico dentro do reino inorgânico e, com isto, a dimensão da autoconsciência se torne atual. E da mesma forma requer-se que constelações sob o predomínio da dimensão psicológica forneçam condições para que a dimensão do espírito se torne atual. Estes enunciados "tornem possível" e "forneçam condições" levam a perguntar: como a atualização do potencial se efetua a partir da constelação de condições?

A resposta a esta questão demanda primeiro uma elucidação da dimensão histórica, que é a última dimensão, a omniabrangente em todos os reinos de vida. A atualização de uma dimensão é um evento histórico, embora não possa ser localizado em ponto

---

[134] Para Platão, inerente a um ser está a *dynamis*, isto é, sua capacidade de ação ou de paixão. Aristóteles emprega este termo para assinalar a potência que o ser tem de realizar sua função: enquanto que, para ele, *energeia* é o ser em ato. O que não é algo, pode sê-lo *dynamei* (>= em potência) para tornar-se *energeia* (>=em ato). Cf. Encyclopédie Philosophique Universelle. Les Notions Philosophiques – Dictionnaire I.

[135] Tillich. *Teologia...*, p. 400.

121

preciso do tempo e do espaço. Se aceitamos a definição de que o homem é o organismo no qual a dimensão do espírito é dominante, não podemos, contudo, fixar em um ponto definido seu aparecimento em nosso planeta. É provável que só após longo período de lutas entre as dimensões dos corpos de animais semelhantes aos dos humanos atuais, é que se deram as condições para o salto que produziu o domínio da dimensão do espírito.[136] Fritjof Capra indica a mutação, o intercâmbio de genes e a simbiose como três caminhos pelos quais os seres evoluíram e

> através dos quais a vida desenvolveu-se por mais de três bilhões de anos, desde os ancestrais universais bacterianos até o surgimento dos seres humanos, sem sofrer jamais uma solução de continuidade no padrão básico de suas redes autogeradoras.[137]

Tillich tenta descrever o surgimento de um ato do espírito a partir de uma constelação de fatores psicológicos. Todo ato do espírito pressupõe *material psicológico dado* e, ao mesmo tempo, constitui *um salto* que só é possível para um eu totalmente centrado, isto é, para alguém que é livre. Para explicar a relação do espírito com o material psicológico em vista do surgimento do *ato cognitivo*, pode-se dizer que todo pensamento que busca conhecer baseia-se em impressões dos sentidos e em tradições e experiências científicas conscientes ou inconscientes, e em autoridades conscientes ou inconscientes e, além disso, em elementos volitivos e emocionais que sempre estão presentes. Sem este material, o pensamento não teria conteúdo. Para que este material seja transformado em conhecimento, ele deve ser dividido, reduzido, aumentado e relacionado de acordo com a lógica, e clarificado segundo critérios metodológicos. Tudo isso é feito pelo *centro pessoal*. Este centro pessoal não é idêntico

---

[136] Ibid., p. 404.

[137] CAPRA, Fritjof. *As conexões ocultas;* ciência para uma vida sustentável. São Paulo, Cultrix, 2004, p. 48.

122

a nenhum desses elementos particulares. A transcendência deste centro sobre o material psicológico torna possível o ato cognitivo, e este ato é uma manifestação do espírito. O *centro pessoal* é o portador do espírito.[138]

Tillich entende a vida como atualização do ser potencial, consistindo em um processo denominado *autoatualização da vida*, do qual já tratamos anteriormente ao considerarmos a religião como dinamismo de crescimento, superação e transformação.[139] Este decurso pode ser descrito como movimento de atualização do ser dirigido para diante. Neste desenrolar, o ser apresenta-se centrado (>autoreintegrando-se) e também saindo do centro de ação (>autoalterando-se) e voltando a si mesmo (>autorreintegração), conservando sempre sua autoidentidade. Na estrutura desse processo de vida, distinguimos *três elementos* pelos quais a potencialidade converte-se em atualidade: *autoidentidade, autoalteração* e *autorreintegração*. Os processos de vida com esta estrutura cumprem *três funções*: autointegração, autocriatividade e autotranscendência.

Na *autointegração da vida*[140] é estabelecido o *centro da autoidentidade* (ou centro pessoal), impelido à autoalteração e restabelecido nos conteúdos em que foi alterado. A estrutura de autoidentidade e autoalteração está enraizada na correlação ontológica básica de "eu e mundo". Sob o *princípio da centralidade*, a função autointegrativa consiste no movimento circular da vida a partir de um centro[141] e de volta para esse centro e

---

[138] TILLICH. *Teologia...*, p. 405.

[139] Conferir subtítulo 5, à p. 65.

[140] TILLICH. *Teologia...*, pp. 408, 409ss.

[141] Ao tratar da vida e de suas relações, Tillich usa os termos "centro", "centro pessoal", "eu centrado", cujo significado pode ser deduzido da seguinte citação: "Todo ato do espírito pressupõe material psicológico dado e, ao mesmo tempo, constitui um salto que é possível somente para um eu totalmente centrado, quer dizer, para alguém que é livre". Referindo-se à relação do espírito com o material psicológico, explica: "Todo pensamento que busca conhecer se baseia em impressões dos sentidos e em tradições e experiências científicas conscientes ou inconscientes, e em autoridades conscientes e inconscientes, além disso, em elementos volitivos e emocionais que sempre estão presentes. Sem esse material, o pensamento não terá conteúdo. Mas para transformar o material em

se efetua por meio da polaridade *individualização e participação*. O ato pelo qual o homem, de forma consciente e livre, atualiza sua centralidade essencial é o ato moral, no qual a vida se autointegra na dimensão do espírito e o eu centrado se constitui como pessoa.[142]

No movimento de atualização potencial, a função de *autocriatividade da vida*[143] consiste em que esta avança em direção horizontal e se encaminha para o novo. Sem romper seu centro de autoidentidade, transcende cada centro individual e produz novos centros. Esta função de autocriação não é autocriativa em sentido absoluto, pois sempre pressupõe o fundamento criativo de onde provém. Na estrutura básica do ser, esta função depende da polaridade *dinâmica e forma*. A autocriatividade se efetiva no *princípio de crescimento*. E o crescimento ocorre em um processo no qual a *dinâmica* faz que uma realidade formada caminhe para além de si mesma rumo a outra forma, que preserva e transforma a realidade original. A dinâmica está em relação de interdependência com a *forma*. A autocriação da vida é sempre criação de forma. Toda forma nova só é possível com o rompimento dos limites da antiga forma.

A *autotranscendência da vida*,[144] como terceira função do processo de autoatualização do potencial, diferencia-se das anteriores. Em linguagem metafórica podemos dizer que ela não se mantém no movimento circular e horizontal e toma rumo vertical. Com efeito, a autointegração e a autocriatividade permanecem dentro

---

conhecimento, algo deve ser feito nele; ele deve ser dividido, reduzido, aumentado e relacionado de acordo com a lógica, e clarificado segundo critérios metodológicos. Tudo isso é feito pelo centro pessoal que não é idêntico a nenhum desse elementos particulares. A transcendência do centro sobre o material psicológico torna possível o ato cognitivo, e este ato é uma manifestação do espírito". E, enfatizando que o centro pessoal não se identifica com o material psicológico e tampouco lhe é estranho, afirma que o centro pessoal é o "portador do espírito" e é o "centro psicológico, mas transformado em dimensão do espírito". *Teologia...*, p. 405.

[142] Ibid., p. 414.

[143] Ibid., pp. 408, 423ss.

[144] Ibid., pp. 408-409; 451ss.

124

dos limites da vida finita, enquanto que, na autotranscendência a vida se encaminha para além de si como vida finita. É próprio da vida estar *dentro* e *acima* de si mesma. Ela se encaminha para um além-dos-limites, em direção ao que é sublime, elevado e grandioso, e projeta-se rumo ao ser último e infinito. Esta função está sob o *princípio da sublimidade* e fica na dependência polar de *liberdade e destino*.

Fritjof Capra situa-se no pensamento de Tillich quando fala da plasticidade e flexibilidade dos seres vivos, cujas características, com base nos estudos de Jantsch,[145] podem ser vistas como aspectos do princípio de auto-organização. Tal proposição fundamental significa certo grau de *autonomia* em relação a influências ambientais e apresenta, sobretudo, dois fenômenos dinâmicos, a saber: *autorrenovação* (>renovar e reciclar continuamente seus componentes) e *autotranscendência* (>dirigir-se criativamente para além das fronteiras físicas e mentais nos processos de aprendizagem, desenvolvimento e evolução).[146]

A vida constitui-se, pois, em um dinamismo que perpassa a trigêmina constituição do ser humano: o físico, o psíquico e o espiritual. É o processo da vida que leva à autotranscendência. "O homem [...] tem a capacidade de transcender o fluxo contínuo de experiências finitas e passageiras."[147] O dinamismo natural reveste-se de caráter religioso quando, tomado em sua fonte, no emergir do ser humano, e sob o toque de suprema concernência, em dada situação, a força dinamizadora, que enfeixa aspirações e desejos, deslumbramentos, temores e questionamentos existenciais, for direcionada para a alteridade, dando sentido à vida e levando ao engajamento em prol de uma sociedade mais humana, solidária e de paz.

---

[145] JANTSCH, Erich. *The self-organizing universe*. New York, Pergamon, 1980.
[146] CAPRA, Fritjof. *O ponto de mutação...*, p. 263.
[147] TILLICH. *Dinâmica da fé...*, p. 11.

Como seres sociais, homens e mulheres se desenvolvem em todos os sentidos mediante a comunicação e interação de uns com os outros e na convivência com todos os entes. Ninguém vive, progride e se realiza sozinho. O percurso do caminho da vida, desde o nascimento até a morte, é uma trajetória solidária. A vida em família, de laços estáveis e de relacionamentos inspirados no amor, e a convivência em outros grupos que ampliam a experiência familiar, com a inserção na vida social, são indispensáveis para o crescimento humano integral. Assim, também, o desabrochar e o desenvolvimento consistente da dimensão religiosa só serão possíveis em uma comunidade de fé, confiança e amor, onde os membros se acolhem e convivem como irmãos e irmãs, se sustentam e animam reciprocamente. Seu testemunho religioso comunitário, despojado de interesses e sectarismos, vai-se irradiar para a sociedade e transformar-se em engajamento social, na construção de uma sociedade justa, solidária e de paz.

3

Ensino Religioso:
elemento básico de educação

A reflexão sobre a realidade histórico-legal do Ensino Religioso (cap. 1) e a fundamentação antropológico-cultural (cap. 2) prosseguem com enfoque empírico e situam-se no campo da educação, do qual é parte integrante o Ensino Religioso. Este é retomado com a configuração dos atuais ditames jurídicos e, dentro de uma visão auspiciosa, poderá aparecer revigorado por bases mais bem articuladas e mais consistentes. Mas, antes de centrar-nos em diversos aspectos deste componente curricular, uma alusão a correntes pedagógicas hodiernas tem por objetivo assinalar a unicidade do processo educativo, incluindo a dimensão religiosa.

Danilo R. Streck[1] apresenta as principais correntes atuais no campo do ensino, pondo em evidência a educação popular, a pedagogia histórico-crítica e as bases do construtivismo. Sob outro enfoque, podemos discernir um divisor de águas, nem sempre claramente a descoberto, que canaliza os empenhos educativos em duas direções, não necessariamente opostas, antes, idealmente complementares. Neste duplo clivo há uma tendência de índole científico-tecnológica, a qual põe em execução grandes projetos de pesquisa e experimentações, geralmente a cargo de governos, empresas e organismos multinacionais, abarcando todo o planeta pela globalização do mercado e da comunicação. Em conformidade

---

[1] Streck, Danilo R. *Correntes pedagógicas;* aproximações com a teologia. Petrópolis, Vozes, 1994. O autor reeditou esta obra em 2005, atualizando-a.

com este pendor, são formados técnicos qualificados e bons consumidores/compradores dos produtos constantemente renovados e sortidos. Isto favorece o consumismo e convida a população a enveredar pela trilha do prazer e do utilitarismo individualizante. Esta vertente influi poderosamente na formação do imaginário popular, quando não há consciência crítica, e também no ensino em seus diversos graus.

Por outro lado, há uma conjugação de iniciativas e estudos que procuram pôr no centro o desenvolvimento completo das pessoas dentro do contexto atual e a preservação de todos os seres existentes. É um processo humanizador e ecossistêmico. A ele podemos associar o construtivismo em suas diversas etapas de aperfeiçoamento, as repercussões das teorias da Escola de Santiago na educação e, de modo especial, as influências da trajetória educacional de Paulo Freire. Não se pode esquecer a importância dos quatro pilares da educação, segundo a Unesco: aprender a aprender, aprender a fazer, aprender a ser e aprender a conviver.

Podemos ainda assinalar que existem diversas acepções para as palavras "ensino/aprendizagem" e "educação". Certas correntes privilegiam a dimensão cognitiva, visando ao acúmulo de saberes já existentes ou em construção. Outras enfatizam o desenvolvimento mais integral de todas as potencialidades humanas, caso em que os termos ensino/aprendizagem e educação se aproximam.

Percebemos, pois, hoje, tanto em âmbito mundial quanto em nosso país, valiosas pesquisas no campo da educação. Teorias anteriores passam por revisão e, com mais frequência, surgem sistematizações educacionais novas que são postas em prática. Evidentemente, dentro de um processo de pluralismo e de transformações rápidas, não há só concordância nessas inovações. Notam-se dissimilaridades nas propostas, distintas intencionalidades e resultados diferenciados. No seu conjunto, contudo, manifestam notáveis avanços, em meio a desigualdades e descompassos quanto a sua aplicação.

Tendo presente esta variegada gama de conceitos que constituem um fluxo pedagógico inovador, não ocorre aqui tentar mais uma teoria com ar de novidade. Pessoalmente penso apenas em situar-me na área da educação e do ensino em uma perspectiva de coerência com a linha de pensamento que venho seguindo neste trabalho. Posiciono-me favoravelmente à propensão humanizadora e ecológica dos processos educativos no sentido de se estenderem e incluírem todos os humanos e seres vivos e envolverem a preservação de nosso planeta e de todo o cosmos. Considero os avanços tecnológicos como importantes recursos didático-pedagógicos quando devidamente utilizados como meios de conseguir a finalidade e as metas de educação integral.

Dentro desse contexto educacional, o Ensino Religioso constitui uma exigência indispensável de pleno desenvolvimento humano e de (re-)equilibração da biodiversidade. Tal ensino consiste basicamente na educação da dimensão religiosa como núcleo educativo polarizador que subjaz a todas as dimensões do ser humano em processo *autopoiético* da vida. Em uma perspectiva objetiva, o Ensino Religioso estuda o fenômeno religioso, enquanto patrimônio religioso local e/ou universal, que perpassa as culturas de todos os tempos e lugares e está presente nas culturas e na história da atualidade.

Tomando como referência os parâmetros anteriormente acenados, nossa reflexão segue por uma dupla vertente: o confronto da problemática e da atual legislação do Ensino Religioso com a fundamentação antropológico-cultural elaborada no capítulo anterior e a indicação de dimensões para o processo pedagógico do Ensino Religioso.

129

O Ensino Religioso atual diante da legislação vigente em cotejo com a fundamentação antropológico-cultural

Para este cotejo, retomamos a problemática levantada na introdução e a descrição histórico-legal do segundo capítulo. Para isto, convém situar-nos nas grandes mudanças generalizadas ocorridas no Ocidente a partir da década de 1960, que coenvolveram a educação e, com ela, o Ensino Religioso.

1. No tocante aos problemas axiais anteriormente discernidos e formulados, cabe agora dar respostas que resultem de um exame à luz da fundamentação

a) O encaminhamento da resposta ao problema referente ao *Estado laico e o Ensino Religioso*, oriundo de uma visão de incompatibilidade entre ambos, parte da averiguação de que, de forma geral, na consciência comum, existe um conhecimento superficial do fenômeno religioso, o qual é visto maiormente em suas manifestações e em relação com organismos eclesiais e movimentos, ignorando-se sua origem e fonte. Por isso, torna-se necessário fazer a devida distinção entre religião como dimensão e elemento constitutivo do ser humano e religião como instituição produzida pelo homem. A primeira se expressa em múltiplas formas culturais; não pode ser extinta, mas apenas abafada e desfigurada em suas expressões. A segunda, como criação humana, é questionável; requer análise crítica em vista de sua finalidade institucional e de seu papel social. É em relação a esta instituição eclesial que vários pensadores expressaram severas críticas e que os Estados modernos, na maioria das vezes, têm-se declarado laicos.

O Ensino Religioso, em sua implementação tradicional, esteve geralmente referido à segunda acepção. Com as diretrizes atuais da legislação, ele tem sua referência e fundamentação na dimensão religiosa do ser humano e está a serviço da promoção da vida. Tal ensino, como já dito, situa-se em uma visão de realidade e em uma linha de pensamento mais profundos que os da laicidade estatal; não se opõe a esta laicidade e nem se articula com ela. Em vez de ser entendido e efetivado como sectarização e proselitismo, constitui, pelo contrário, parte integrante de todo ensino, como exigência de desenvolvimento humano total. Esta concepção necessita de maior esclarecimento e fundamentação, no sentido de que o Ensino Religioso assume os princípios fundamentais da República Federativa do Brasil, explicitados na Constituição de 5 de outubro de 1988, promulgada "sob a proteção de Deus".[2] Não se opõe ao disposto no art. 19 da mesma Constituição,[3] pelo fato de não se identificar com nenhuma denominação religiosa e com nenhum agrupamento ou movimento da mesma índole. Este Ensino Religioso é parte integrante da educação de todo cidadão, visando a seu pleno desenvolvimento e a seu preparo para o exercício da cidadania, como prescrevem a mesma Carta Magna do País[4] e a Lei de Diretrizes e Bases da Educação Nacional.[5]

b) O problema seguinte refere-se a *procedimentos que parecem denotar desconsideração da educação religiosa como insignificante e mesmo inútil*. E ainda: desconhecimento, incom-

---

[2] SENADO FEDERAL. Constituição da República Federativa do Brasil. Brasília, 2003. Preâmbulo e artigos 1 a 4.

[3] Art. 19. É vedado à União, aos estados, ao Distrito Federal e aos municípios: I – estabelecer cultos religiosos ou igrejas, subvencioná-los, embaraçar-lhes o funcionamento ou manter com eles ou seus representantes relações de dependência ou aliança, ressalvada, na forma da lei, a colaboração de interesse público.

[4] Art. 205. A educação, direito de todos e dever do Estado e da família, será promovida e incentivada com a colaboração da sociedade, visando ao pleno desenvolvimento da pessoa, seu preparo para o exercício da cidadania e sua qualificação para o trabalho.

[5] Lei n. 9.394/96, art. 33, o qual foi alterado pela Lei n. 9.475/97: O Ensino Religioso, de matrícula facultativa, é parte integrante da formação básica do cidadão, constitui disciplina dos horários normais das escolas públicas de ensino fundamental, assegurado o respeito à diversidade cultural religiosa do Brasil, vedadas quaisquer formas de proselitismo.

preensão ou não aceitação das mudanças radicais e estruturais do Ensino Religioso.

Ao agudizar nossa atenção sobre a problemática em exame, verifica-se que, com frequência, o descaso e a desvalorização do Ensino Religioso ocorrem na prática em instâncias administrativas ao relegar esse componente curricular a segundo plano, ou mesmo o omitem, a pretexto de dificuldades de horário ou de preenchimento do quadro de professores. Facilmente se invoca que, pela lei, o Ensino Religioso é facultativo para o aluno e se ignora que é obrigação da escola oferecê-lo dentro dos horários normais.

A *carência de conhecimentos* das alterações radicais e estruturais do Ensino Religioso percebe-se em meios acadêmicos, instâncias administrativas da educação, organismos de orientação do ensino, ou seja, nos conselhos nacionais, estaduais e locais, em meios de formação da opinião pública, em círculos políticos, e, ainda, de modo geral, em boa parte dos professores. As resistências maiores a este "novo" Ensino Religioso encontram-se em autoridades e líderes religiosos, em membros do Conselho Nacional de Educação, em alguns órgãos do governo e em pessoas com formação e tradição religiosas fortemente arraigadas. O desconhecimento ou não aceitação dessas mudanças liga-se, por vezes, a preconceitos antigos sobre religião e Ensino Religioso, ou manifesta-se sob forma de insegurança em decidir questões a ele referente. Esta hesitação pode ser atribuída a uma falta de fundamentação persuasiva. Adicione-se a isto que a área de conhecimento da educação religiosa[6] está em construção, necessitando ainda de muita pesquisa e reflexão e de estudos sólidos para uma melhor definição e substancial enriquecimento.

A busca de solução para o estranhamento e as relutâncias em relação a esta disciplina escolar pode ser feita por uma elucidação

---

[6] CEB/CNE, Resolução n. 02/98, item IV, b), publicada no D.O.U. de 15/4/98 – Seção I – p. 31. Esta Resolução institui oficialmente a educação religiosa como área do conhecimento.

de seu desenvolvimento histórico, com destaque às mudanças ocorridas. De muita valia será a explanação da legislação atual referente a esta matéria e aos pontos centrais que a configuram.

Tornam-se indispensáveis pesquisas oportunas e reflexão séria em uma tríplice perspectiva: *a)* sobre a religião radicada na realidade profunda do ser humano como algo indispensável à vida de todos os homens e mulheres, não como fuga ou refúgio, mas como elemento de sua realização plena e da edificação de sociedades solidárias, democráticas e promotoras de paz; *b)* sobre a educação da dimensão religiosa, especialmente por meio do Ensino Religioso, o qual constitui elemento fundamental de todo processo educativo; *c)* sobre a contribuição na construção de uma base consistente para o Ensino Religioso. Toda produção de índole acadêmica para o desenvolvimento desta área do saber ajudará a preencher lacunas que nelas se verificam.

Quanto à falta de conhecimento ou rejeição das mudanças, convém primeiro assinalar que estas modificações não ocorrem tanto a partir e por causa da legislação em vigor, mas são antes decorrentes de uma exigência humana. Quais são estas mudanças? Elas se referem primeiramente a sua fonte e fundamentação, que são precipuamente de natureza antropológico-cultural, centradas na dimensão religiosa do ser humano, e não mais tanto em base teológico-doutrinária. O desenvolvimento desta dimensão religiosa torna-se exigência indispensável do processo educativo de todo cidadão, diferenciando-se de uma iniciação religiosa e de uma formação dos fiéis de determinada denominação religiosa. O conteúdo curricular não é mais de índole doutrinária confessional ou feito preponderantemente de ensinamentos das denominações religiosas, mas procede antes da experiência e é haurido nas culturas, na história e na vida das pessoas e grupos e no patrimônio religioso-cultural da humanidade. Seu objeto próprio é o fenômeno religioso.

Do ponto de vista pedagógico, o Ensino Religioso assume caráter claramente escolar, tornando-se componente curricular como e com as demais disciplinas legalmente previstas para o plano pedagógico. Além disso, os princípios e procedimentos do campo educativo requerem autonomia no que lhes é específico. Isto faz que, em linha de coerência, a responsabilidade e a competência de orientar e administrar o processo educativo, incluindo o Ensino Religioso, caibam aos sistemas de ensino, como, aliás, o determina a legislação em vigor. Destarte, o Ensino Religioso passa do domínio eclesiástico ou das denominações religiosas para o domínio da administração civil.

Importante é a divulgação do atual Ensino Religioso. Ele exige diferentes abordagens, levando-se em conta os destinatários: como subsídios elucidativos para professores que atuam na educação básica, e textos de rigor acadêmico para docentes universitários e autoridades encarregadas do ensino. Este ensino requer, urgentemente, cuidadosa preparação de professores, em conformidade com as diretrizes legais e acadêmicas em vigor para a qualificação e habilitação desses profissionais de educação. Observem-se, para isto, os parâmetros específicos para a formação de professores dessa disciplina. Este preparo torna-se muito exigente e empenhador, tanto para a apropriação de habilidades e competências quanto para o domínio de conhecimentos amplos e complexos.

d) Outro problema refere-se ao *pluralismo religioso-cultural* e à *ambiguidade do fenômeno religioso*. O caminho de solução leva-nos a considerar que diversas correntes de pensamento chegaram ao consenso de que toda a realidade existente provém de uma unidade original. Tal asserção é corroborada por pesquisas em várias áreas do saber que apontam para uma origem unitária de todo o existente e para um posterior desdobramento multiforme, ficando, porém, uma tendência à reunificação. Este princípio, aplicado particularmente aos seres vivos, recebe expressão na pluridimensionalidade da vida. A realidade pluridimensional é

134

conatural aos entes humanos, cujo pleno desenvolvimento efetua-se na permeabilidade de todas as dimensões e manifesta-se no pluralismo religioso-cultural. Entendida com esta base, a pluriformidade cultural-religiosa, quando se preserva sua tendência à unidade, é uma riqueza que expressa e também condiciona o perfazer individual e coletivo.

Por se tratar de um processo, que se efetua como crescimento e transformação unitário-pluridimensional de todo indivíduo humano e da sociedade, a realidade por ele compreendida comporta necessariamente ambiguidades. Tais ambiguidades resultam basicamente da incompletitude de todos os entes e das interferências dilapidadoras da liberdade humana.

Dentro do pluralismo, e opondo-se a ele, pelo menos aparentemente, existem indivíduos e grupos que resistem à exigência de romper mentalidades e sistemas tanto unívocos quanto dicotômicos reinantes. Esta exigência de rompimento a ser atendida não deverá enfraquecer identidades individuais e sociais, mas construí-las sobre bases mais sólidas e configurá-las melhor, contribuindo para o fortalecimento de laços comunitários e sociais.

Na condição pós-moderna, verifica-se uma tríplice tendência: enfraquecimento institucional, centralidade individual e agrupamento reticular múltiplo. De um lado, é notória a desestruturação não apenas de associativismos oclusos e de coletivismos despersonalizantes, mas também de organizações sociais prestadoras de serviço. A família, célula-mãe da sociedade, sofre desse surto desagregador. Por outro lado, coloca-se em realce a individualidade dos sujeitos, que buscam a fruição do viver, expondo-se ao risco de fechamento. Ao mesmo tempo, a necessidade conatural de agregação é suprida por movimentos transitórios, por formação oportuna de grupos e celebração de uniões passageiras sem liames duradouros e por ligações múltiplas sob forma de redes. Em níveis mais amplos e globais, a estruturação de relações acontece por acordos costurados sob pressão de interesses em jogo, com

135

visível desgaste de instituições internacionais criadas para dar consistência e rumo aos procedimentos entre países. No mundo pós-moderno, muito plural e fragmentado, as coisas tornam-se próximas pelos avanços tecnológicos da comunicação. Homens e mulheres, utilizando a internet, relacionam-se virtualmente de forma fugaz e sem compromisso, em qualquer parte do planeta. Em contraposição, sob vários aspectos, há um distanciamento entre povos e países e um desfrute opressivo da globalização.

Esta realidade do mundo plural em rápida mudança reflete-se de maneira forte no religioso, que ocupa espaço importante na vida particular e social. Os pendores de depreciação institucional, de enfatização da individualidade e de reagrupamento multiforme fazem-se sentir não apenas nas instituições religiosas historicamente construídas, mas também em novos grupos e movimentos religiosos, assim como em múltiplas manifestações do cotidiano. Fanatismo e fundamentalismo são deturpações graves da religiosidade. As instituições tradicionais são objeto de críticas, não raro oportunas e pertinentes, e sofrem, sobretudo, de abandonos. Dentro da propensão individualizante generalizada, ocorrente no campo religioso, cada um escolhe o que mais lhe agrada diante da multiplicidade de ofertas.

No Brasil, as raízes religioso-culturais indígeno-afro-lusas e a contribuição das imigrações euro-asiáticas dos séculos XIX e XX deram conotações específicas ao contexto religioso-cultural, a par de muita riqueza e grande variedade. Suas expressões espontâneas e multiformes, a bel-prazer de indivíduos e grupos, agora se misturam frequentemente com interesses e intencionalidades que pouco ou nada têm a ver com o religioso propriamente dito, se por este termo quisermos nos referir à abertura para o mundo divino. O filão religioso é explorado por interesses políticos e econômicos, sendo associado, com frequência, a fins escusos e anti-humanos e utilizado para a prática de injustiças e ações criminosas. Todos estes problemas dos contextos social, religioso, econômico e político desafiam a educação e, de forma especial, a religião e o Ensino Religioso.

Uma tentativa de trazer soluções para estes problemas consiste em considerar que a efervescência e a ambiguidade no campo religioso propiciam, e também requerem, uma adequada ação educativa. Esta há de propor-se expurgar a religião de expressões desvirtuantes e direcionar sua força construtiva para o pleno desenvolvimento de indivíduos e a edificação de sociedades solidárias. À educação compete apresentar princípios orientadores que ajudarão a descobrir sentido para a vida e a encontrar forças para seguir na busca da verdade e do bem. Ao Ensino Religioso, de modo especial, cabe discernir os momentos de *kairós* nas ambiguidades religioso-culturais e ajustar nossas opções livres e nossas atitudes éticas com as exigências de nosso ser individual/ social. Assim, a religião, vivenciada e direcionada para fins de humanização e preservação ecológica, torna-se veículo de respeitoso relacionamento com o Transcendente, com o Ser divino, no qual cada crente acredita e ao qual venera e homenageia.

É fundamental estarmos conscientes de que o pluralismo faz parte de nossa existência, que importa assumir a pluridimensionalidade da vida como base do processo de autoatualização vital. Com idêntica disposição, considere-se a ambiguidade como interpelação constante de autointegração, autocriatividade e autotranscendência. Este movimento de atualização de nosso ser requer abertura à alteridade, educação para o diálogo e a convivência e para o exercício da cidadania. Tais procedimentos se conformam com as exigências de nosso ser, quando a serviço da vida e fundamentados no amor. Em todo este processo educativo, compete ao Ensino Religioso função central e imprescindível.

e) Outra problemática procede da *falta de tematização dos grandes avanços científico-tecnológicos para um adequado tratamento pedagógico.* É uma dificuldade para a educação nas instituições de ensino superior, mas sua influência é notável nos demais

137

níveis, desde a educação infantil. Acrescentem-se os desafios que disso decorrem para o campo da ética e suas repercussões nos procedimentos dos educandos e do povo em geral, sem falar da perplexidade em que muitos se encontram no cotidiano da vida. Isto, evidentemente, tem muito a ver com o Ensino Religioso.

Como *resposta*, pode-se incluir esta questão dos progressos da ciência e da tecnologia na abordagem dos assuntos referentes à vida e à ética. Uma tentativa de solução pode ser encaminhada por meio das categorias de análise da polaridade cultura/religião, de modo especial pelas tríades: autonomia–heteronomia–teonomia e autointegração–autocriatividade–autotranscendência.

2. Cotejo da atual legislação sobre o Ensino Religioso com a fundamentação antropológico-cultural

A descrição histórico-legal do Ensino Religioso no capítulo primeiro faz-nos conscientes de que as grandes mudanças ocorridas nele ficaram registradas em prescrições legais, cujos textos mais significativos, quanto à educação religiosa, encontram-se na Constituição Nacional[7] e na LDBEN[8] em vigor. Esta última assume *ipsis verbis* o que prescreve o § 1º do art. 210 da Carta Magna (na transcrição a seguir está em itálico) e dá outras determinações:

Art. 33 – *O Ensino Religioso, de matrícula facultativa*, é parte integrante da formação básica do cidadão, *constitui disciplina dos horários normais das escolas públicas de ensino fundamental*, assegurado o respeito à diversidade cultural religiosa do Brasil, vedadas quaisquer formas de proselitismo.

---

[7] Constituição da República Federativa do Brasil, promulgada a 5 de outubro de 1988, Art. 210, § 1.

[8] Lei de Diretrizes e Bases da Educação Nacional (Lei n. 9.394, de 20 de dezembro de 1996), Art. 33, modificado pela Lei n. 9.475, de 22 de julho de 1997. Note-se que na Constituição, edição do Senado Federal de 2003, o verbo "constituir" é conjugado no futuro: "constituirá disciplina".

§ 1. Os sistemas de ensino regulamentarão os procedimentos para a definição dos conteúdos do Ensino Religioso e estabelecerão as normas para a habilitação e admissão dos professores.

§ 2. Os sistemas de ensino ouvirão entidade civil, constituída pelas diferentes denominações religiosas, para a definição dos conteúdos do Ensino Religioso.

Considerando o *caput* desse Artigo, ficam evidenciados os seguintes aspectos:

1º) Que o Ensino Religioso é uma *disciplina escolar*, ou seja, um componente curricular. A Câmara de Educação Básica do Conselho Nacional de Educação o coloca, sob a denominação de educação religiosa, na relação das dez áreas de conhecimento a constarem no projeto educativo de cada escola.[9]

2º) Este ensino tem de ser oferecido dentro do período dos *horários normais* e não em tempo extraclasse.

3º) Ele é explicitamente obrigatório nas *escolas públicas do ensino fundamental*. Em alguns estados do país, como no Rio Grande do Sul, a Constituição estadual também estende esta obrigatoriedade ao ensino médio, ou seja, a todo o ensino básico.

4º) Se a escola tem obrigação de oferecer este ensino aos educandos, por outro lado, é de *matrícula facultativa* por parte do aluno. Esta ressalva constou, sob diversos enunciados, em todos os textos constitucionais e LDBs desde 1934 e tem procurado preservar a liberdade religiosa, diante de um Ensino Religioso marcadamente confessio-

---

[9] Câmara de Educação Básica do Conselho Nacional de Educação: Resolução n. 02/98, item IV, b.

nal. Ainda que esta ligação a denominações religiosas não apareça explicitada no texto constitucional de 1988, tal conotação perpassava as discussões durante a Assembleia Constituinte e durante a elaboração da LDB de 1996; aliás, a primeira redação do Art. 33 desta última o afirmava formalmente. Das considerações sobre o texto constitucional passamos aos elementos que são próprios do Art. 33 reformulado da LDB de 1996 e que dão um caráter diferente ao Ensino Religioso.

5º) O Ensino Religioso é *parte integrante da formação básica do cidadão*. O adjetivo "básica", dentro do contexto, não se refere ao nível da educação, já que este aparece expresso claramente como sendo do ensino "fundamental". O sentido dessa adjetivação é para indicar que o Ensino Religioso é uma exigência essencial e indispensável, algo como base e alicerce para a formação do cidadão e, como tal, é "parte integrante" insubstituível no processo de ensino e educação.

6º) Além da liberdade religiosa individual e social pela qual a legislação de ensino vinha zelando desde a década de 1930, agora, pela incisiva determinação "assegurado o respeito à diversidade cultural religiosa do Brasil", esse cuidado se alarga e há de concretizar-se com a devida garantia, levando também em conta as múltiplas raízes e expressões étnico-religioso-culturais de nosso país. Esta efetiva demonstração de profunda deferência e grande atenção dirige-se, de justiça, singularmente a cada pessoa, mas também aos agrupamentos e ao país como um todo, em sua grande variedade de culturas, religiões, costumes e tradições.

140

7º) O acatamento tolerante e a convivência pacífica na realidade multirreligioso-cultural do Brasil não admitem sectarismos excludentes e formas de aliciamento de índole religiosa. Por isto, são "vedadas quaisquer formas de proselitismo" nas práticas educativas e, de modo específico, na educação religiosa escolar.

Estes sete pontos, claramente manifestos no enunciado capital do art. 33, deixam perguntas, tais como: que tipo de Ensino Religioso atende às exigências ali colocadas? Que aspectos são subentendidos ou pouco claros?

Antes de tentar dar resposta, repassaremos os dois *parágrafos*, que conformam elementos de aplicação.

1º) O § 1º determina que as principais atribuições dos diferentes sistemas de ensino para a execução do Ensino Religioso dizem respeito ao conteúdo e aos professores. É da competência do quádruplo conjunto de instâncias organizativas,[10] salvaguardando o que é específico a cada nível,[11] regulamentar os *procedimentos para estabelecer os conteúdos* e ditar *normas para a habilitação e admissão dos professores.*

2º) Este dispositivo do § 1º é relevante pelo fato de conferir aos sistemas de ensino a competência de gerir os assuntos de Ensino Religioso, o que antes era da alçada das autoridades religiosas. Esta prescrição, em linguagem simbólica, é a passagem do templo para a escola, na qual o Ensino Religioso se insere como em seu ambiente próprio, enquanto componente curricular. Em uma linha de coe-

---

[10] O art. 8º da LDB estabelece que a União, os estados, o Distrito Federal e os municípios, em regime de colaboração, organizarão os respectivos sistemas de ensino.

[11] As atribuições específicas de cada sistema estão estabelecidas na LDB, arts. 8º a 20.

rência, os sistemas que regem a educação em seu todo também assumem tal função em relação a esta área de conhecimento.

3º) O § 2º deixa claro que não há rompimento, no Ensino Religioso, entre os que oficialmente o administram e as instituições religiosas. Estas últimas são objeto de consulta para a fixação do conteúdo. Para tal, este dispositivo legal prescreve às instâncias administrativas "ouvir entidade civil" representativa das denominações religiosas.

Depois desse repasse rápido do que consta explicitamente na Constituição e na LDBEN em relação à temática enfocada, segue alusão a um ponto não explícito no texto, isto é, à questão da obrigatoriedade ou não do Ensino Religioso nas instituições de iniciativa privada, em suas diversas categorias de particulares, comunitárias, confessionais e filantrópicas.[12] Quanto a isto, ocorrem as ponderações que examinamos a seguir.

No *caput* do art. 33 da LDBEN, a obrigatoriedade da educação religiosa é referenciada explicitamente às escolas públicas, nas quais esta disciplina foi contestada sistematicamente por seu caráter confessional. Por isto, o texto deixa claro que nas instituições governamentais, o Ensino Religioso deve ser ministrado nos horários normais. Não cabia, a rigor, incluir nesta exigência as Organizações Não Governamentais, pelo fato de que, na maioria delas, isto é, nas confessionais, o Ensino Religioso vinha sendo uma prática constante. Só uma leitura literal, historicamente descontextualizada, poderia advogar a isenção deste componente curricular em tais instituições.

Para a validade de seu ensino, as escolas particulares necessitam do reconhecimento oficial por parte dos Conselhos de

---

[12] Cf. LDB, art. 20.

Educação (municipais, estaduais, nacional) e, com isto, entram nos sistemas de ensino, tornando-se legalmente públicas. E, não querendo configurar-se como discriminatórias e segregacionistas, abrem-se a todo público.

Há um ordenamento claro de que o ensino de iniciativa privada, entre outras condições, deve cumprir as normas do respectivo sistema de ensino.[13]

Na fundamentação, apresentada no capítulo anterior, ficou evidente que as expressões religiosas fizeram e fazem parte de todas as culturas, ainda que ambíguas e desvirtuadas. Por isso, é imprescindível o desenvolvimento da dimensão religiosa e a oportuna orientação e, geralmente, necessária reorientação de suas manifestações. Aliás, o art. 33 da LDB considera o Ensino Religioso indispensável à educação do cidadão.

Como área de conhecimento, a educação religiosa tem seu campo próprio de conteúdo, linguagem e metodologia, que deve ser preservado. Não convém desvirtuá-lo, confiando-lhe, por exemplo, tarefas precipuamente confessionais. Para esta finalidade peculiar, a escola confessional dispõe de outros recursos e espaços, envolvendo a instituição como um todo. Cabe à supervisão educativa e pastoral assegurar o cunho confessional e as características dos carismas inspiradores das congregações religiosas ou outras entidades ou pessoas mantenedoras.

As legislações que estamos examinando são a Constituição Nacional e a Lei de Diretrizes e Bases, que tratam da educação de forma ampla. Ambas se aplicam também ao Ensino Religioso, seja quando estabelecem princípios e fins, seja quando determinam o específico aos diversos níveis, à qualificação do docente e aos recursos financeiros. Necessitam estes ordenamentos gerais de Leis Complementares, Resoluções e Pareceres dos Conselhos

---

[13] Cf. LDB, art. 7.

de Educação,[14] e ainda de Atos Administrativos. Há necessidade de uma constante construção e reconstrução de lastros nos diferentes campos do saber cultural. Dentro deste contexto, o Ensino Religioso requer ainda muito ajuste no aspecto administrativo-legal e, de modo especial, um enriquecimento de sua área de conhecimento.

Depois deste breve percurso pelas prescrições legais, tentaremos caracterizar, também de forma sucinta, o tipo de Ensino Religioso que delas se depreende. Nesses preceitos, não há uma definição propriamente clara do que seja tal ensino. Contudo, os elementos ali constantes são suficientes para concluir que, por dispositivo constitucional, se trata de uma disciplina a ser integrada obrigatoriamente no currículo como uma das áreas de conhecimento. Por sua índole declaradamente escolar, é administrada pelos sistemas de ensino. Constitui um elemento educacional indispensável e básico para a formação do educando. Há de ser administrado de modo a respeitar todas as expressões culturais religiosas não só das pessoas envolvidas na comunidade escolar mas ainda de toda nação brasileira, em sua multiforme realidade étnico-religioso-cultural. Esta atenção respeitosa é reforçada por uma proibição taxativa a toda forma ou influenciação proselitista.

Estes últimos ditames proscrevem o Ensino Religioso anterior de caráter confessional. Sendo assim, torna-se manifesta certa inconsequência entre a determinação constitucional "de matrícula facultativa" e as normas da LDB que suprimem a confessionalidade e a sectarização. A salvaguarda de liberdade religiosa ali mantida não se justifica mais para um Ensino Religioso respeitoso para com todos. Esta incongruência é explicável pela mudança na conceituação dessa disciplina ocorrida entre a elaboração da Carta Magna, de 1988, e a publicação da Lei n. 9.475, de 1997.

---

[14] Cabe especial atenção a dois posicionamentos do CNE: Resolução n. 02/98, item IV, b e o Parecer n. CP97/99.

Tal incoerência vem privando famílias e alunos mal informados ou desavisados de uma educação integral que inclua a dimensão religiosa. Há instituições e sistemas de ensino que procuram sanar as inconveniências resultantes.

Tendo chegado a este ponto da reflexão, surge a pergunta: qual será a fonte inspiradora e a base de sustentação de uma educação religiosa que não tem, como origem e alicerce, determinada confissão religiosa? Este questionamento introduz o cotejo com a fundamentação antropológico-cultural da presente publicação. Podem-se elencar, para este paralelo, as seguintes verificações:

1º) não se encontram contradições entre os dispositivos legais e os argumentos básicos aduzidos;

2º) há coincidência em ponto central, a saber, que, para ser um elemento indispensável de educação, sua base é construída sobre a antropologia com diversas perspectivas e direcionada para o transcendente;

3º) para ser respeitoso de todas as expressões culturais religiosas do país, o Ensino Religioso tem igualmente base religioso-cultural e constrói o processo pedagógico a partir dela;

4º) a fundamentação oferece critérios para nortear a aplicação daquilo que a lei estabelece;

5º) as perspectivas abertas pela fundamentação são mais amplas que o texto legal.

Em suma, há uma convergência entre ambas as partes cotejadas. A visão antropológico-cultural, configurada segundo o pensamento de Paul Tillich, sobrepuja a legislação, dá suporte relevante ao Ensino Religioso, abre-lhe novos horizontes e confere direcionamento unitário ao processo educativo, dentro da complexidade do mundo em que vivemos.

Dimensões pedagógicas do Ensino Religioso

A legislação e a fundamentação encaminham para o campo pedagógico. Trata-se da implementação do estatuído como lei e alicerce. Isto nos leva a situar a educação religiosa como elemento integrante de um processo formativo que envolva as pessoas e os seres em sua totalidade. Este procedimento continuado, em vista da realização humana em seu ecossistema, apresenta dimensões plurifacetadas. Tais dimensões são enfoques de um mesmo desdobramento psico-físico-espiritual. O professor, a instituição ou o órgão administrativo, atentos a uma boa condução, baseando-se em uma análise situacional que demonstre necessidades e aponte para elementos enriquecedores a serem valorizados, poderão discernir aspectos a priorizar. Tais conspectos visuais serão necessariamente complementares: pôr em destaque um deles repercute no conjunto do crescimento.

Neste trabalho, à guisa de exemplificação, escolhi quatro dimensões pedagógicas, como resposta aos problemas axiais levantados no começo e como decorrência dos dispositivos legais e, especialmente, dos elementos que dão sustentação antropológico-cultural ao Ensino Religioso. Estes diversos ângulos de abordagem do processo educativo são os seguintes: *1)* educação para o diálogo e a paz; *2)* promoção da vida em sua multidimensionalidade; *3)* desenvolvimento da personalidade ética; *4)* favorecimento de práticas religiosas em grupos organizados e sua releitura.[15]

---

[15] Estas quatro dimensões não foram definidas tendo em mente os Parâmetros Curriculares Nacionais para o Ensino Religioso. Não houve lembrança, nem intenção de aproximar-se deles. Sabemos que

Antes de discorrer sobre estas diferentes faces deste processo, é oportuno ressaltar *en passant* a importância fundamental da formação de professores para a área da educação religiosa. Estes docentes necessitam de qualificação idêntica em grau à de todo profissional. Devido à complexidade de seu campo de atuação, seu preparo torna-se muito exigente. É necessário que a sociedade e o Estado lhes reconheçam a profissão em pé de igualdade à de seus pares em outras áreas de conhecimento. Pleiteia-se para eles acesso oficial efetivo a cursos específicos de graduação e pós-graduação, levados a efeito na perspectiva de uma visão antropológico-cultural como desenvolvida neste trabalho. Somente com professores instruídos, cultos e valorizados, que assumem sua tarefa com dedicação, poderá o Ensino Religioso tornar-se um elemento imprescindível e de relevância no processo educativo.

Para efetivar esta auspiciosa valorização do Ensino Religioso é indispensável que os responsáveis das instituições educativas pensem no sentido e nas consequências que o enfoque antropológico-cultural traz para a gestão escolar. Torna-se importante dar a este componente curricular o devido espaço no Projeto Político-Pedagógico (PPP) e no Plano de Estudos. Em termos de execução, isto requer considerar, à luz da fundamentação, as dimensões do processo educativo a privilegiar, os objetivos a estabelecer, os conteúdos a inserir, os métodos a propor e as práticas educativas a executar.

As expressões culturais impregnadas de religiosidade, presentes na sociedade e ambiente de cada escola, evidenciam a importância da educação inculturada e, mais precisamente, do Ensino Religioso. De um lado, cabe valorizar as potencialidades

---

atualmente há uma opinião bastante consensual entre os que participaram da elaboração desses referenciais de que eles necessitam de reformulação, pelo menos em algumas de suas partes. Esta reflexão não partiu de tal perspectiva e tampouco foi cogitado dedicar-nos isoladamente a revisar este instrumento que vem orientando o Ensino Religioso há mais de uma década.

e valores religiosos no processo educativo. De outra parte, é imperioso direcionar os esforços de educadores e educandos para a superação de limites e empecilhos e, sobretudo, para a correção de ambiguidades. Dito de outra forma, a educação, visando servir ao desenvolvimento humano, não pode prescindir de se referir à cultura e à religião. E o Ensino Religioso toma o fenômeno religioso, com suas riquezas e pobrezas humano-religiosas, como objeto próprio de sua tarefa educativa específica. Na mediação educativa, o Ensino Religioso se fundamenta e inspira na dimensão religiosa do ser humano, ao mesmo tempo que procura desenvolvê-la. Além deste fundamento antropológico, o Ensino Religioso tem no fenômeno religioso uma outra fundamentação de índole fenomenológico-cultural e uma fonte de elementos culturais/religiosos que servem de objeto e material de construção do projeto educativo enfocando o religioso.

1. Educação para o diálogo e a paz

1.1. Indicativos de análise situacional

Vivemos hoje em um mundo complexificado e plural. Dentro de tal contexto, a exigência do viver como sendo conviver, requer relacionamento, comunicação, partilha, diálogo. Em vez de ensimesmamento e "ipsofilia", impõem-se o estabelecimento de relações, a efetivação de laços de interdependência, a valorização da amizade e a impregnação da vida com amor.

Contemplando a realidade nesta perspectiva, percebem-se iniciativas e esforços generalizados, ainda que mormente pontuais, de diálogo e vivência pacífica, reveladores de autotranscendência e pendor teônomo. Mas, em contraponto, há uma generalização de atitudes egocêntricas e egoístas, deformando ou, pelo menos, dificultando a autointegração e o processo de individualização e participação. Há uma tomada de consciência desta dubiedade antagônica, com manifesta intencionalidade de superá-la, como o demonstram abundantes escritos e leis em prol do entendimento e da paz, mas aparentemente com pouca eficácia.

Antes da segunda metade do século XX, quando as mudanças eram relativamente poucas e se sucediam sem a rapidez atual, predominava uma concepção mais "fixista" da vida e das instituições. Os laços de convivência nos grupos humanos denotavam então uma geral estabilidade. Com a aceleração dos mudamentos socioculturais e o desenvolvimento científico-tecnológico, os liames e relacionamentos estáveis entraram em declínio. Em vez da estabilidade, são mais ocorrentes a instabilidade e a temporariedade. As relações ficaram mais superficiais e, além disso, mais deturpadas por jogos de interesse. Com a difusão dos progressos tecnológicos, as pessoas se comunicam cada vez mais de forma virtual, tornando-se a mídia um instrumento de comunicação em crescente uso. Isto proporciona o benefício de trazer para dentro da casa os recantos mais remotos do globo; contudo, tende a relegar os contatos humanos diretos. O computador vem substituindo homens e mulheres, que antes se encontravam e partilhavam tarefas e compromissos. Em vez de associações duradouras, conectam-se tênues redes em constantes mutações.

O pluralismo étnico-religioso-cultural é outra faceta da realidade. Nosso país é multicultural, com variada gama de expressões e crenças religiosas. Todas merecem atencioso respeito, acompanhado de oportuno discernimento e releitura, para evitar ou coibir radicalizações fanáticas e fundamentalistas. Há um "renascer" do religioso na maioria dos ambientes e sob múltiplas formas. É importante tomar consciência de que a ambiguidade está presente em todos os reinos da existência humana. Por isso, não é possível um diálogo sem problemas e desafios: ele deve, justamente, contribuir para a superação dos obstáculos e a viabilização da convivência humana e a construção da paz.

149

1.2. Objetivos do Ensino Religioso

- Educar para a alteridade, o serviço e a comunicação.

- Clarificar a própria identidade individual e grupal.

- Fortalecer laços estáveis na família e na comunidade.

- Contribuir para o robustecimento dos esforços em favor do entendimento e da vivência pacífica.

1.3. Elementos para reflexão

Natureza social do ser humano: um "ser-com".

"O mundo humano é ontologicamente o mundo da coexistência, é o mundo da convivialidade social, da cooperação e da solidariedade."[16] Homens e mulheres chegam à existência por intermediação da união de terceiros. Não nasceram solitários, mas de um enlace de comunhão. São entes chamados a viver em sociedade, de forma solidária, irmanados uns com os outros. A vida social não é algo acrescentado de fora, mas é-lhes um elemento constitutivo essencial. A realização de sua vocação de vida, seu crescimento e plenificação dependem das relações recíprocas, da partilha, da colaboração. Necessitam do diálogo, que viabiliza a convivência no mundo plural de hoje, com uma incalculável multiplicidade de situações, umas que aproximam e outras que afastam e conflitam os habitantes de nosso planeta. Em meio a guerras e desentendimentos, os seres humanos só encontrarão o caminho de paz quando direcionarem suas energias rumo à concórdia e à unidade.

---

[16] MANNES, João. *O transcendente imanente;* a filosofia mística de são Boaventura. Petrópolis, Vozes, 2002, pp. 17-18.

O pendor intrínseco a relacionar-se levou os humanos a multiplicar os meios de comunicação, aproveitando-se dos recursos tecnológicos. Mas o autêntico diálogo não resulta dos progressos técnicos da mídia e, sim, das relações interpessoais fraternas, nos diversos âmbitos de vida comunitária. Os dialogantes empenham-se com totalidade pessoal, de mente, coração e vontade, motivados e impelidos pelo amor, em busca da verdade, do bem, do belo, da justiça, de mais vida e vida melhor.

O diálogo há de se caracterizar pela clareza, mansidão, confiança, lealdade e pela atenção à sensibilidade do outro. Requer disponibilidade e diligência para nos identificarmos com quem dialogamos, isto é, escutá-lo e entendê-lo a partir de sua visão de mundo e de seu modo de viver e agir. Efetua-se em um clima de amizade e serviço, em ambiente de plena liberdade, sem constrangimento e coação. Sua finalidade é promover no mundo, em nível local e universal, unidade, amor, solidariedade e paz. Pelo diálogo se difunde, nas instituições e nos espíritos, o sentido, o gosto e o dever da paz.

Nós, humanos, por origem e vocação, somos todos inter-relacionados. Com esta caracterização originante, as tradições religiosas abraâmico-judaico-cristãs surgiram e se baseiam em um diálogo revelador de Deus com os homens. Daí que, para elas, o diálogo a ser cultivado e nossa vocação comum de nos comunicar são de origem transcendente. A fraternidade universal é uma construção cotidiana constante, com avanços e recuos, uma tarefa jamais concluída. É um andar motivado pela esperança, que certamente proporciona felicidade e alegrias, mas também se revela penoso e árduo, pela multiformidade religiosa e cultural, pelos interesses não raro conflitantes, pelas diferenças que nos distinguem e pela ambiguidade arraigada em cada um de nós.

O pluralismo e a ambiguidade fazem parte do existir histórico. As culturas, como obras humanas, são reveladoras não só de conquistas, mas também de limitações e fragilidades, desvios e

151

enganos, dúvidas e incertezas. Dotados de potencialidades, os seres humanos são urgidos a assumir sua própria trajetória existencial e decidir os rumos a seguir. Constroem sua própria personalidade como seres livres mas inacabados, no convívio com seus pares e na relação com a natureza, em meio a confrontos e desafios, acertos e desmandos.

Nenhum ser humano, em busca de autonomia e afirmação, encontra caminho pronto, feito por outros para ele. Necessita traçar, executar e percorrer a própria estrada da vida. O itinerário existencial de cada indivíduo, grupo, povo e nação é tarefa própria, é missão intransferível, é a vida como tal, assumida, orientada, fortalecida e locupletada.

A situação antagônica da vida tem sua raiz e começa em cada ente humano. Fatores pessoais conscientes ou inconscientes, decisões livres ou feitas sob pressão/influência externa, levam a desequilíbrios na autointegração, à estagnação ou involução no crescimento, a desajustes comportamentais, à inversão de valores, a absolutizações.

A ambiguidade no reino religioso aparece sob múltiplas formas. Verifica-se toda vez que a religião é usada indevidamente, nas expressões culturais e mesmo dentro de instituições religiosas, contrariando princípios humanos fundamentais, atentando contra a dignidade e integridade humanas. Pior ainda, quando é invocada como justificativa de crimes, assassinatos, morticínios e guerras. Pode, inclusive, estar mascarada sob capa religiosa de culto e louvor à divindade.

Em relação à ambiguidade, Tillich afirma que a unidade entre elementos de auto-identidade com elementos de autoalteração nas funções da vida está ameaçada pela alienação existencial que destrói esta unidade. Em cada função de vida há uma força oposta destrutiva. A autointegração é posta abaixo pela desintegração. A autocriatividade é eliminada pela destruição. A autotranscendência sofre o impacto da profanização. "Todo processo de vida apresenta a ambiguidade de elementos positivos e negativos misturados de tal forma, que se torna impossível separar o negativo do positivo". Tillich conclui afirmando enfaticamente: "A vida é ambígua em cada momento".[17]

Ainda sob o enfoque da ambiguidade, as relações entre indivíduos humanos podem ser representadas esquematicamente do seguinte modo:

eu-sujeito + eu-objeto × tu-sujeito + tu-objeto;
nós-sujeitos + nós-objetos × vós-sujeitos + vós-objetos.

Por este esquema percebemos que os indivíduos "eu" e "tu" não são existencialmente puros, mas vêm misturados. O eu--sujeito e o tu-sujeito vêm acompanhados de uma correspondente objetificação. Isto significa que um e outro não são totalmente autônomos e sofrem influência heterônoma de dentro e de fora. Pelo visto, esta tensão se encaminha para a unidade pela teonomia ou direcionamento existencial para a profundidade humana, para a dimensão religiosa. Isto requer disposição de reorientação para o Incondicionado, rompimento da *forma condicionada* do viver-sentir-pensar-agir-ter, propiciando passagem para o *conteúdo incondicionado do ser*. Nesta profundidade humana da religião, cada ente descobre que é um ser-com, que não pode existir e nem se desenvolver sozinho, mas só o consegue partilhando com outros a existência. Ele é um ser essencialmente social. Destarte, o eu-sujeito e o tu-sujeito se desenvolvem autonomamente como tais, relacionando-se como sujeitos livres. À medida que crescem o eu-sujeito e o tu-sujeito pela relação intersubjetiva de eu-sujeito *versus* tu-sujeito e o correspondente direcionamento teônomo, decrescem, em sentido contrário, o eu-objeto e o tu-objeto. O

---

[17] TILLICH. *Teologia...*, p. 409.

mesmo se aplica a uma pluralidade de sujeitos, o "nós" e o "vós" e suas dobradinhas tensionadas entre sujeito e objeto. O processo das relações interpessoais com orientação teônoma tende à unidade e à união.

Resumindo: as relações intersubjetivas do eu/nós-sujeitos com o tu/vós-sujeitos, com o ele/eles-sujeitos, com a natureza-sujeito, com o sagrado-sujeito, tendem à unidade e à união, que são repassadas e vitalizadas pelo amor na relação eu-tu, e expressam-se em gestos e atitudes de respeito em relação à natureza, favorecendo, assim, o crescimento e trazendo mais vida. As relações interobjetivas do eu/nós-objetos com o tu/vós-objetos, com o ele/eles-objetos, com a natureza-objeto, com o sagrado-objeto, tendem à dominação e prepotência e conduzem à destruição e morte.

Cabe ainda uma consideração sobre a *liberdade* e o *destino*, que são elementos da estrutura básica do ser. Ambos são perpassados pelo caráter polar dessa estrutura e constituem, por sua vez, uma polaridade em que as partes se contrapõem uma à outra, em uma interdependência complementar. Cada polo só tem sentido na medida em que se correlaciona com o outro. Liberdade e destino polarizados estruturalmente tornam possível a existência, porque promanam da essencialidade do ser sem destruí-la. "O ser humano experimenta a estrutura do indivíduo como portador de liberdade dentro das estruturas mais amplas às quais a estrutura individual pertence."[18] Com esta conceituação, Tillich liga a liberdade de cada homem e mulher à própria estrutura individual de seu ser. A liberdade não se relaciona apenas com uma função, particularmente não só com a vontade, mas com o ser humano em sua totalidade. É próprio da natureza de cada indivíduo humano construir-se livremente, em relação e confronto com estruturas mais amplas de seu mundo e com os seres humanos em geral. Neste ser-com e nessa relação de confronto, ele experimenta a

---

[18] Ibid., pp. 156-157.

liberdade de se perfazer em conformidade com a diretriz essencial de seu ser e com isto decide seu destino. Auscultando o seu ser e seu mundo ampliado, discerne o significado profundo de sua existência e indigita e define o seu destino. O destino não é algo fixado de fora. "Nosso destino é aquilo a partir do qual surgem nossas decisões. É a base indefinidamente mais ampla de nossa individualidade centrada. É a concreticidade de nosso ser, que torna todas nossas decisões 'nossas' decisões", escreve Tillich. Desta forma, o destino é "minha própria pessoa, tal qual dada, formada pela natureza, pela história e por mim mesmo". Construo com liberdade meu destino. "Meu destino é a base de minha liberdade; minha liberdade participa da construção de meu destino".[19]

O diálogo como *processo educativo* há de constituir-se em prática na própria instituição escolar. Nesta, dê-se oportunidade de valorizar e respeitar os diversos componentes e matrizes religioso--étnico-culturais presentes ali e na sociedade local ou descobertos, por meio de pesquisas variadas, em âmbitos mais extensos do Brasil e do mundo. O diálogo inter-religioso também com não crentes e arreligiosos significa, para a escola, um desafio a ser contemplado com tato, inteligência e sabedoria. Cuidado especial, mas pedagogicamente discreto, favorecerá a inclusão de minorias na comunidade escolar. Os responsáveis pelos procedimentos didático-pedagógicos são convidados a uma atenção cuidadosa para assegurar e desenvolver as relações humanas primárias, expostas a se desvirtuar com os recursos da mídia e a comunicação virtual.

O Ensino Religioso, adequadamente contemplado no Projeto Pedagógico e no Plano de Estudo, é chamado a ser fator animador da educação para o diálogo e a paz.

---

[19] Ibid., p. 158.

2. Promoção da vida em sua multidimensionalidade

2.1. Indicativos de análise situacional

Entendemos a vida como atualização do ser. Na realidade concreta, ela apresenta, de um lado, aspectos que a situam em uma dinâmica de promoção e crescimento. Esta positividade é sinalizada por indicadores bem evidentes, como a vida saudável de boa parte da população. Muitas pessoas, cumprindo disposições legais ou integrando Organizações Não Governamentais, exercem atividades que visam fazer crescer, defender e preservar a vida. Outras, não menos numerosas, empenham-se em melhorar a saúde de populações carentes. As estatísticas de nosso e de outros países mostram uma gradual, ainda que insuficiente, expansão e melhoria da educação e do ensino. Importantes pesquisas científicas e avanços tecnológicos estão a serviço da saúde e do aperfeiçoamento dos serviços sanitários. Há uma tomada de consciência crescente sobre a importância de preservar-se ou restaurar-se a biodiversidade do meio ambiente de todo o planeta. Com este intuito, estão sendo levados à prática dispositivos legais, ainda que em meio a resistências e oposições.

Sem duvidar do valor de todo este empenho em prol da vida em sua multidimensionalidade, bem lembrado de que toda vida é vida, ocorre questionar se as dimensões físicas, psíquicas e espirituais são equilibradamente atendidas. Existem condições de atendê-las assim? Esta vida real permite às pessoas sentir a alegria de viver? Atende ela às aspirações profundas ou satisfaz apenas a desejos imediatos e superficiais? De modo geral e em casos particulares, a realidade existencial expressa autointegração, revela autocriatividade e tem pendor autotranscendente? São perguntas para uma análise reflexiva.

Por outro ângulo, o quadro da realidade apresenta as sombras das ambiguidades que povoam nosso planeta: as luzes de vida são contrastadas por trevas sinalizadoras de desdita, infortúnio e morte; em vez de "sobressaliências" de mais vida, as depressões de menos vida. Acaso os noticiários de rádio, tevê e jornais não veiculam diariamente atos de vandalismo, assaltos e sequestros? Com a sensibilidade embotada, quase já não nos horrorizamos com as constantes atrocidades praticadas nos conflitos armados e guerras. Ficamos facilmente insensíveis diante da indústria bélica, uma das mais rentosas e tanto mais mortífera quanto mais sofisticada. Vivemos atrás de grades para nos proteger. Ficamos prisioneiros da violência generalizada, que procede, em grande parte, da produção, comercialização e consumo de drogas. A busca desenfreada de prazer está levando à banalização da vida sexual, que resulta em gravidez precoce e abortos. Também o ecossistema é alvo de agressão e desgaste com a poluição das águas e da atmosfera, a contaminação do solo e das reservas aquíferas. Sabemos da devastação de florestas e da extinção de numerosas espécies de animais. A acumulação de lixo é indício de funcionamento preocupante de nossa civilização pouco civilizada. Como se chega a estes distúrbios vitais? As causas são múltiplas. Não cabe detalhá-las aqui. Queremos apenas apontar duas: a ganância desenfreada de lucro e a procura obsessiva de poder com menosprezo pela vida. Ligado a isto, verifica-se a institucionalização de desigualdades sócio-étnico-econômicas, mantidas pela prepotência do sistema neoliberal, e a globalização opressora do mercado, que geram concentração de saber e de riquezas e excluem populações inteiras menos afortunadas e mais pobres.

Como elemento de análise desta realidade contrastante entre vida e morte, é oportuno recordar com Tillich que "a vida é ambígua em cada momento".[20] Além disso, como já foi dito, a raiz desse antagonismo está em cada ente humano. Fatores pessoais conscientes ou inconscientes, decisões livres ou feitas sob pressão/influência externa, levam a desequilíbrios na auto-

---

[20] Ibid., cit., p. 409.

integração, à estagnação ou involução no crescimento, a desajustes comportamentais, à inversão de valores, a absolutizações.

Acresce a isto que as disfunções e anomalias individuais e grupais, quando estruturadas em sistema, aumentam a potencialidade mortífera e pressionam heteronomicamente os indivíduos para uma maior violência, frustrando-lhes a autonomia, privando-os da autotranscendência, obstaculizando-lhes o caminho de liberdade e desviando-os do destino livremente construído em consonância com seu ser profundo. Cabem aqui atitudes e decisões com direcionamento teonômico na obtenção de mais vida e vida melhor para a sociedade como um todo.

2.2. Objetivos do Ensino Religioso

* Motivar a assumir atitudes e práticas pró-vida.

* Conscientizar sobre as causas das múltiplas agressões à vida.

* Dar apoio a iniciativas e movimentos em favor da vida.

2.3. Elementos para reflexão

O conceito ontológico de vida e sua aplicação universal requerem dois tipos de consideração: uma *essencialista* e outra *existencialista*. A primeira trata da *unidade* e *diversidade* da vida em sua natureza essencial. A isto Tillich chama de "unidade multidimensional da vida".[21]

Podemos distinguir várias *dimensões da vida nos reinos inorgânico e orgânico*, que no seu conjunto integram-se na *unidade multidimensional da vida*. Também nos é possível determinar concretamente a *fonte* e as *consequências das ambiguidades* de todos os processos da vida.[22]

---

[21] Estes tópicos foram tirados de: Tillich. *Teologia...*, pp. 393-394.
[22] Estes tópicos foram tirados de: Tillich. *Teologia...*, pp. 398ss.

Cabe também analisar *o sentido do espírito como uma dimensão da vida.*[23] A palavra "espírito", além de um problema semântico em português (com "e" ou "E"),[24] sofreu um desenraizamento de sua compreensão original e um desvio restritivo em seu significado. Com efeito, nas línguas semíticas e indo-germânicas, a raiz das palavras que designam espírito significa "respiração". Foi com a experiência do respirar e, sobretudo, com o cessar da respiração em um cadáver que surgiu a pergunta: o que mantém viva a vida? A resposta foi: a respiração, pois onde havia respiração havia o poder de vida. Como *poder* (capacidade, potência) de vida, o espírito não é idêntico ao substrato inorgânico que é animado por ele; antes, o espírito é o próprio poder de animar e não uma parte acrescentada ao sistema orgânico. Contudo, alguns desenvolvimentos filosóficos e tendências ascético-místicas no mundo antigo tardio separaram espírito e corpo. Nos tempos modernos, essa tendência dicotômica chegou ao auge com Descartes e o empirismo inglês. A partir disso, a palavra espírito recebeu a conotação de "mente", e a própria "mente" ficou reduzida ao "intelecto". O elemento de "poder" no sentido original desapareceu e, finalmente, a própria palavra foi descartada. Atualmente ela é substituída por "mente".

Com este desenraizamento improcedente e desvio restritivo, urge restaurar o termo "espírito" com seu sentido original para denotar a *unidade de poder-de-vida e vida com sentido,* ou, em uma forma abreviada, a "unidade de poder e sentido". Na esfera religiosa, tem-se preservado o sentido original do termo "espírito".

Enfocando a dimensão cognitiva da vida, F. Capra afirma que está surgindo uma concepção unificada da vida, da mente e da consciência. Segundo esta concepção, a consciência está

---

[23] Ibid., p. 401ss.

[24] O termo estoico para espírito é *pneuma;* em latim é *spiritus;* em alemão é *Geist;* em hebraico é *ru'ah.* Nestas línguas, não existe problema semântico quanto à compreensão de "espírito".

ligada indissociavelmente ao mundo social da cultura e dos relacionamentos interpessoais. Além disso, esta concepção faz-nos compreender a dimensão espiritual de maneira compatível com concepções tradicionais de espiritualidade.[25]

O mesmo autor apresenta acurado estudo sobre a concepção sistêmica da vida. Segundo ele, a concepção sistêmica vê o mundo em termos de relações e de integração. Os sistemas são totalidades integradas, cujas propriedades não podem ser reduzidas às de unidades menores e não são decorrência necessária dessas últimas. Em vez de se concentrar nos elementos ou substâncias básicas, a abordagem sistêmica enfatiza princípios básicos de organização. Todo e qualquer organismo – desde a menor bactéria até os seres humanos, passando pela imensa variedade de plantas e animais – é uma totalidade integrada e, portanto, um sistema vivo. As células são sistemas vivos, assim como os vários tecidos e órgãos do corpo, sendo o cérebro humano o mais complexo deles.[26]

E nós, humanos, dentro do mundo vivo, semelhantemente às outras criaturas vivas, pertencemos a ecossistemas e também formamos nossos próprios sistemas sociais. Em nível mais abrangente, há a biosfera, o ecossistema do planeta inteiro. Estudando o modo como a biosfera parece regular a composição química do ar, a temperatura na superfície da Terra e muitos outros aspectos do meio ambiente planetário, o químico James Lovelock e a microbióloga Lynn Margulis sugerem que tais fenômenos só podem ser entendidos se o planeta, como um todo, for considerado um único ser vivo. Chamaram a estas conclusões de "hipótese de Gaia", nome da deusa grega da Terra.[27]

A Terra apresenta-se como sistema complexo de auto-organização. Tudo nela é regulado por intrincadas redes cooperativas

---

[25] CAPRA, Fritjof. *As conexões ocultas.* São Paulo, Cultrix, 2004, p. 48.

[26] CAPRA, Fritjof. *O ponto de mutação.* São Paulo, Cultrix, 2003, p. 260.

[27] Ibid., p. 277.

que manifestam as propriedades dos sistemas auto-organizadores. Ela é, pois, um sistema vivo; funciona não apenas *como* um organismo, mas, na realidade, parece *ser* um organismo: Gaia, um ser planetário vivo. Tais observações transcendem o âmbito da ciência e refletem profunda consciência ecológica, que é, em última instância, espiritual.[28]

A compreensão do acima dito apela para a noção de complementaridade das tendências auto-afirmativas e integrativas nos organismos vivos. Estes apresentam um outro par de fenômenos dinâmicos complementares de auto-organização: *autoconservação*, que inclui os processos de autorrenovação, cura, homeostase e adaptação; e o processo de *autotransformação* e *autotranscendência*, fenômenos que se expressam nos processos de aprendizagem, desenvolvimento e evolução. Os organismos vivos têm um potencial inerente para se superar a si mesmos. Essa superação criativa parece ser uma propriedade fundamental da vida, uma característica básica do universo que – pelo menos por ora – não possui maior explicação.[29]

A aquiescência à concepção sistêmica da vida, que tem como referências importantes Fritjof Capra e a Escola de Santiago, induz a breves considerações de caráter analítico. As relações do ser humano com a natureza assumem características diferentes das mantidas com o mundo humano. Cabe perguntar se tais relações podem ser expressas em termos de autonomia, heteronomia e teonomia. Precisam de adaptação e podem ser esquematicamente assim representadas: eu/nós-sujeitos + eu/nós-objetos *versus* natureza-objeto + natureza-sujeito. Admitimos que a autonomia do eu-sujeito/objeto diante da natureza consistirá em desvendar as leis referentes à constituição de massa, energia e movimento que regem a realidade cósmica. Isto possibilita ao ser humano

---

[28] Ibid., pp. 278-279.
[29] Ibid., p. 279.

sentir-se autônomo e livre em relação à natureza, evitando ser um eu-objeto subjugado por ela. Logo, a descoberta do código constitutivo do universo pela ciência torna os homens autônomos em relação a ele.

Invertendo o enfoque e olhando esta relação do lado do cenário natural, não sofre este uma intervenção heterônoma agressiva e, não raro, destruidora pelo homem? Agindo assim, com heteronomia depredadora, os homens cometem uma dupla prevaricação: desrespeitam as leis da natureza e estendem os efeitos danosos dessa agressão aos outros humanos, invadindo seus direitos à vida e ao desenvolvimento. Seu procedimento para com o mundo material, incluindo todos os seus fenômenos e seres, deveria ser de respeito às regras nele inscritas, entretendo com todos os entes uma relação que, em vez de heterônoma, tendesse a ser teônoma, orientando-se pelo sentido e finalidade próprios delas, da espécie humana e da natureza, em vista de um sentido maior e derradeiro. Assim, a relação dos humanos com o universo otimizar-se-ia como uma autonomia, direcionando-a para uma recíproca teonomia. Com isto chegamos ao centro do domínio da ecologia, que trata das relações dos seres vivos entre si e com o meio orgânico ou inorgânico em que vivem. Por extensão analógica, é possível também ter em mente uma ecologia humana, quando nos referimos às relações entre o homem e seu meio moral, social e econômico, denominando-a ecologia social, ecologia neoliberal, ecologia moral etc., conforme o aspecto enfocado.

No *processo educativo*, são fundamentais os exercícios práticos de respeito e favorecimento da vida em suas múltiplas facetas. Proponha-se a formação de atitudes para a assimilação livre de responsabilidades individuais e sociais neste assunto que nos afeta radicalmente a todos. Proceda-se assim no cotidiano. Procure-se desenvolver o espírito de discernimento e a tomada de posição diante de fatos e realidades destruidores do bem maior de todos os seres vivos. Motive-se para a participação em ações organizadas pela sociedade civil ou pelas autoridades em defesa da multidimensionalidade da vida. Que os programas curriculares e as orientações didático-pedagógicas contemplem devidamente tais procedimentos.

Os professores de Ensino Religioso cooperam proativamente segundo os objetivos que são propostos para o desenvolvimento desta disciplina em relação à promoção da vida e da paz.

3. Desenvolvimento da personalidade ética

3.1. Indicativos de análise situacional

O ético surge da profundidade originante do ser humano e se expressa na qualidade e justeza de seu relacionamento consigo mesmo, com os outros humanos, com a natureza e com o Transcendente. O critério básico da ética é, pois, o ser humano em seu mundo e ecossistema, em sua realidade constitutiva e concretude histórica, em seu dinamismo de autoconstrução e co-construção e em suas relações e feitos culturais. Os humanos sentem-se interpelados a assumirem seu próprio caminho de vida, com liberdade e responsabilidade, e isto em nível individual e social.

Olhando a realidade em seus diversos círculos de abrangência, descobrimos que está em formação uma consciência coletiva sobre a importância de as pessoas agirem eticamente. Com esta consciência, há organismos que lutam pela aplicação de princípios ético-morais na vida particular e social e, de modo especial, nas funções públicas e nos empreendimentos que afetam os direitos de indivíduos e grupos e o ecossistema. A 10 de dezembro de 1948, a Organização das Nações Unidas publicou a Declaração Universal dos Direitos Humanos, que se tornou um referencial ético relevante nos 191 países hoje integrantes da ONU. Estas e muitas outras iniciativas constituem uma cultura de paz, de autonomia, a propiciar autointegração e autocriatividade. Deixam, todavia, a pergunta: até que ponto elas se inserem em um pendor de autotranscendência e teonomia? Ou se mantêm em uma autonomia sem profundidade existencial?

Contemplando a realidade com outro olhar, percebe-se a ambiguidade reinante. Os avanços científico-tecnológicos, certamente de grande utilidade, instauraram nos últimos decênios uma verdadeira revolução cultural. As transformações atingiram de modo radical quase todos os recantos de nossa vida, trouxeram muita insegurança e influíram fortemente no campo ético. Neste, verifica-se uma pluralidade de padrões de índole relativista. Nota-se, não raro, certa carência de princípios, um desgaste de valores tradicionais, sem que os valores emergentes sejam entendidos e adequadamente acolhidos. Para alguns, tal situação significa uma indesejada anomia e falta de posicionamentos claros. Para outros, isto parece ocorrer dentro de uma espiral ambígua de progressos, questionamentos e dúvidas. Também a religião é elemento afetado e proativo desta realidade ambígua e um tanto caótica. Ela é comercializada, tornando-se negócio rentável. Sumamente ambíguo é invocar a divindade para justificar "guerras santas".

3.2. Objetivos do Ensino Religioso

- Haurir na profundidade humana e nas relações com o Transcendente as energias e orientações para o caminho de vida pessoal e social, como princípios éticos fundamentais.

- Assumir de mente, coração e vontade as exigências profundas de nosso ser, no sentido de promover a vida em sua multidimensionalidade.

- Inserir no processo educativo valores básicos para a convivência humana – amor, justiça, solidariedade e paz – e para a preservação ecológica.

3.3. Elementos para reflexão: ética, moralidade, cultura e religião

Na criação cultural, com direcionamento autônomo e abertura teônoma, o ser humano sente-se interpelado a assumir seu próprio caminho de vida, com liberdade e responsabilidade, e isto em nível individual e social. Cuidando da qualidade e da justeza de seu relacionamento consigo mesmo, com os outros humanos, com a natureza e com o Incondicionado, ele cumpre esta incumbência existencial, que tem a ver com cultura, religião, moralidade e ética.

Pari passu com as transformações globais em curso, a evolução do pensamento contemporâneo, tanto na área científica quanto nas de teor humanístico e religioso, colocou as questões morais dentro de um quadro de referência mais amplo e direcionou-o para a renovação de princípios e normas. A instância orientadora do procedimento humano, construída sobre bases antropológico--filosóficas e com atenção voltada para as necessidades emergentes, constitui, em princípio, um código de iluminação, estímulo e prevenção, e não tanto uma imposição de leis punitivas. Esta passagem de uma moral coercitiva para uma ética de princípios basilares estende-se também às relações do homem com a natureza – o *habitat* de todos os entes vivos, homens, animais e plantas – e, particularmente, inclui ainda o cuidado pelo nosso planeta Terra, a moradia da humanidade toda. Uma tal direção restauradora permite que indivíduos e grupos humanos se assumam livremente, mas onera-os com o peso da responsabilidade.

Para que nós, humanos, alimentemos a esperança e direcionemos os esforços para transformar o aparente caos sociocultural no qual vivemos em um cosmos renovado, é de relevância buscar nas origens da humanidade elementos basilares de procedimento grupal e de convivência social para lograr, como nos diz Nilo Agostini,[30] "o resgate do vital humano na 'produção' ética e inculturada do instituído". Segundo este autor, dentro das rápidas

---

[30] Agostini, Frei Nilo, ofm. *Ética cristã e desafios atuais.* Petrópolis, Vozes, 2002, pp. 15ss.

transformações atuais, há uma generalizada crise ética, reveladora de um *desequilíbrio das bases vitais do humano, atingindo suas raízes mais profundas, o seu próprio ethos*.[31] O resgate do vital humano leva-nos a remontar aos começos, quando o ser humano organiza seu viver no diferenciado relacionamento com a natureza, os outros e o Transcendente. Neste remoto alvorecer, ele vai melhorando constantemente seu *habitat*, "criando um modo habitual/próprio de habitar e interpretar o mundo, modo este que chamamos *ethos*".[32] Com o homem primitivo que organiza sua moradia – pois *ethos* significa habitação, estadia – deparamos também com a raiz do humano, com seu *ethos*, no qual se encontra a expressão mais desinibida e simples do ser humano, embora, talvez, ainda sob formas rudes e violentas da luta pela sobrevivência. Pois, organizar a casa, residir nela habitualmente, não se reduz a aspectos físicos, mas significa especialmente estar próximo e estabelecer relações: inventar símbolos e linguagem, comunicar-se, dar-se conta das coisas, pensar, fabricar instrumentos, buscar melhoria etc., dando, assim, partida a um processo humanizador. Este modo de "habitar" do homem primitivo inclui o estar próximo e em relação com a divindade, cuja presença permeia tudo, como explicita Heráclito: "O *ethos* do ser humano é Deus".[33] Ou, segundo versão de M. Heidegger: "Enquanto ser humano, o homem habita na proximidade de Deus".[34]

O *ethos* constituiu-se em fonte de costumes e normas que regem a convivência humana e as relações com a natureza e com o mundo teofânico. Ao longo dos tempos, de unímodo e simples que era no início, o *ethos* foi evoluindo para comportamentos mais complexos e diversificados, requerendo instâncias normativas

---

[31] Ibid., p. 15.

[32] Ibid., p. 18.

[33] Cf. Fragmento 119, I, 177, citado por Agostini, op. cit., p. 17.

[34] Heidegger, M. *Carta sobre humanismo*. Traduzido do original francês por Rubens E. Frias. São Paulo, Moraes, 1991, pp. 36-38. Por sua vez, Guillermo Fraile explica que Heráclito, ao apresentar a existência de uma Razão/Inteligência universal como causa das transformações do cosmos, distinta da matéria primeira, isto é, do fogo, identifica esta Razão com Deus, na seguinte sentença por ele deixada: "Querendo ou não querendo, deve-se chamá-la de Zeus". Fraile, *Historia de la filosofia*, I "Grecia y Roma". Madrid, BAC, 1990. p. 173.

para orientar costumes e ditar procedimentos, distanciando-se das mediações inspiradoras de sentido haurido nas origens. Neste processo de mudanças socioculturais, extremamente lentas durante milênios, mas com aceleração de ritmo a partir da Idade Moderna, foram definidas normas morais e ficou instituído o direito, com os respectivos instrumentos de implementação que são as leis e o aparato jurídico. O evoluir da humanidade, considerando-se os indivíduos e grupos humanos em seus múltiplos e variados costumes, ditames morais e leis, trouxe, com o afastamento diacrônico das origens, também um esvaziamento do vital humano, com o estancamento da fonte inspiradora do *ethos*. Esta crise levou e está exigindo uma refontização, que leva o nome de ética, a qual tem a ver com o *ethos*, mas com a finalidade precípua de constituir--se em instância não só de inspiração mas também e, por vezes, sobretudo, de crítica: "Ética se distingue pelo seu caráter crítico e reflexivo na sistematização dos valores e das normas, tendo o papel de investigá-los e depurá-los, para que possam inspirar, guiar e servir da melhor maneira possível à vida humana".[35]

Ao refletir sobre atos pessoais e comunitários, como funções de "práxis" relacionadas com a vida e suas ambiguidades, Tillich fala também de ética e moral, distinguindo-as e associando-as complementarmente. Introduz a temática referindo-se a relações sociais, leis, administração, política, relações pessoais e desenvolvimento pessoal, para afirmar: "Na medida em que existem normas que dirigem os atos culturais em todos esses modos de transformação, poderíamos incluir todo esse reino sob o termo 'ética' e distinguir entre ética individual e social", destacando que para ele as "normas" para dirigir "modos de transformação" devem ser princípios mais fundamentais e gerais do que a regulação moral de procedimentos pontuais. Isto ele deixa claro quando escreve: "Mas o termo 'ética' designa antes de tudo os princípios, a validade e motivação do ato moral, [...] é mais oportuno definir ética [...] como a ciência do ato moral".[36]

---

[35] AGOSTINI, op. cit., p. 27.
[36] TILLICH. *Teologia...*, p. 435.

O critério básico da ética é o ser humano em sua realidade constitutiva e concretude histórica, em seu dinamismo de auto-construção e co-construção, enquanto relacionado com o mundo e com o Transcendente. Em outras palavras, a humanização é o referencial de base e o desafio central em termos de ética. A. R. dos Santos associa a humanização ao processo de realização humana e ao atendimento às necessidades experimentadas no tríplice nível de nosso existir. Segundo ele:

> A humanização se faz na mudança para o crescimento. [...] A humanização se dá pelo suprimento de necessidades que sentimos, quando fazemos algo com nosso estado atual. Agimos de forma a superar carências, necessidades sentidas, no nível biológico, social e transcendental, os três componentes geradores de toda atividade humana.[37]

Vale destacar que neste processo ético humanizador, ao se referir aos três componentes geradores de toda atividade humana, o autor citado considera a humanização apenas uma criação cultural e inclui nela o cultivo da dimensão religiosa. Mais adiante, na mesma obra, ao tratar de ética e religião, apresenta esta como consistindo em uma dupla realidade: 1) religião como um "produto transcendental", citando, com esta visão, Sanches Vazquez, o qual a descreve como "fé ou crença na existência de forças e mistérios sobrenaturais, ou em um ser transcendental, todo-poderoso, um deus, com o qual o homem está em relação"; 2) religião como "conteúdo cultural disponível". Explica que esta segunda acepção procede do "ponto de vista do homem – e não do crente" – e que, como tal, a religião "é necessária para sua plenificação".[38] Ainda que esta dupla compreensão de religião, pela expressão linguística usada, não consiga evitar um ressaibo de dicotomia, ela releva com acerto que a religião é

---

[37] Santos, Antônio Raimundo. *Ética; os caminhos da realização humana*. São Paulo, Ave-Maria, 1997. p. 8.

[38] Ibid., p. 44.

um conteúdo da cultura e um elemento importante e necessário para a realização humana.

Constituem princípios e objetivos fundamentais de construção permanente do edifício ético-social: a busca e objetivação de mais vida e vida melhor, edificada sobre a liberdade e o amor, conseguida pela verdade e justiça, pela solidariedade humana no bem e o respeito universal à natureza, tendo em vista a paz no aconchego das famílias, entre grupos, países e povos, o desenvolvimento integral e global, a par da preservação de nosso planeta. Estes enunciados básicos, interiorizados por meio de processos educativos e a conscientização geral da sociedade, visam ao afastamento e à prevenção do acirramento de ânimos por causa de particularismos sectários e interesses egoístas, geradores de conflitos e guerras, especialmente por motivos religiosos. Em consonância com os princípios e objetivos, as religiões podem contribuir para o aperfeiçoamento ético-moral de indivíduos e sociedades, valorizando a substância espiritual haurida na respectiva hierofania fundante. Para os cristãos, por exemplo, a mensagem do evangelho e a fé na ação do Espírito Santo convertem-se em referenciais éticos e dinamismos propulsionadores de realização humana.

Uma relação de índole essencial entre moralidade, cultura e religião, inspirada em Tillich,[39] pode ser sintetizada nos seguintes termos:

– a *moralidade* identifica-se com a constituição da pessoa como pessoa, efetuada no encontro com outras pessoas. A *cultura* fornece à moral os conteúdos, isto é, os ideais concretos de personalidade e comunidade, assim como as leis cambiantes da sabedoria ética [originadas do *ethos*]. A *religião*, por sua vez, confere à moralidade o caráter incondicional do imperativo moral, que se constitui pelo direcio-

---

[39] Tillich. *Teologia...*, pp. 409 e 457. A conceituação que Tillich tem de moral e moralidade corresponde aproximadamente à de ética, enunciada nos parágrafos precedentes.

namento para o alvo moral último, isto é, para a reunião no *ágape*, e pelo poder motivador da graça;

– a *cultura* caracteriza-se como criação de um universo de sentido pela teoria e práxis. A validade de uma criatividade cultural está no encontro de pessoa-a-pessoa. Esta relação interpessoal se opõe a arbítrios individuais. As formas culturais de índole lógica e estética, individuais e comunitárias, para se converterem em exigência interpeladora necessitam da força do *imperativo moral*. Por outro lado, o *elemento religioso* perpassa a cultura e confere-lhe uma profundidade inexaurível, tornando-a uma criação genuína. A cultura vive deste componente religioso, que lhe é substância ou fundamento. Por si mesma, a cultura fica nos limites do condicionado, mas a religião proporciona-lhe abertura para a ultimação;

– a *religião*, dentro do processo de atualização da vida, está ligada à função de autotranscendência da vida sob a dimensão do espírito. Existem duas outras funções no processo de atualização de vida: a autointegração e a autocriação. Esta autotranscendência só é possível com a constituição do *eu moral* pelo imperativo incondicional. E ela só pode assumir forma dentro do universo de sentido criado no *ato cultural*. E vice-versa, a religião é a base da cultura, o princípio que dá a significação última a todas as formas culturais.

Outro assunto a ser mencionado é o do significado e importância da *consciência*, sob o enfoque dinâmico da tomada de consciência. Sabemos que a consciência é uma característica identificadora do ente humano e que ela o distingue da realidade cósmica e dos vegetais e animais. O agir e as atitudes só se tornam verdadeiramente humanos quando feitos de modo consciente. Mas a consciência não abrange a totalidade de cada homem e mulher, pois neles também existem outras potencialidades, como o inconsciente, as sensações, os sentimentos e ainda a ocorrência de fenômenos psico-físico-espirituais que escapam à consciência. E o que dizer dessas realidades subjetivas e outras objetivas ainda não cobertas por ela? Tomar consciência do mundo e conhecer a si mesmo constitui tarefa nunca concluída.

Pelo fato de ir conhecendo as coisas, o homem estende seu domínio sobre elas. Mas não deveria ser domínio destrutivo, antes construtivo, respeitando a natureza própria de cada um dos entes e o equilíbrio entre todos eles. Esta tomada de consciência coaduna-se com as atitudes relacionais apropriadas a cada ser e respectivo grupo categorial: ela será de edificação na medida em que respeitar as peculiaridades específicas e favorecer o desenvolvimento individual e geral. Uma exigência fundamental é que o desenvolvimento da consciência, como aliás do indivíduo como um todo, dê-se em um processo relacional e interativo.

No *processo educativo* requer-se a exercitação prática de responsabilidades que comportem atitudes e procedimentos com embasamento ético. Para isto, convém proporcionar momentos e/ou aproveitar ocorrências oportunas para definir e elaborar um código ético, enfocando a vida pessoal e grupal e a organização institucional. Que tal código contenha princípios e bases para a tomada de decisões, de forma consciente, livre e responsável, e também dê segurança no caminhar da vida em coerência com os imperativos profundos do ser. Diante das ambiguidades que perpassam os ambientes de vida, é importante desenvolver o espírito de observação e de discernimento críticos, que favoreçam posicionamentos segundo ditames éticos. Com este intuito é aconselhável inserir no Projeto Político-Pedagógico e no Plano de Estudo a formação para a cidadania. Tal iniciação na vida e atividade da pólis pode favorecer a participação em organizações da sociedade, a partir do próprio bairro, guiando-se por princípios éticos.

Que todos os membros da comunidade escolar sintam-se compromissados com o desenvolvimento de atitudes e práticas embasadas em princípios éticos. Os professores de Ensino Religioso integram-se neste processo, procurando animar toda a instituição para serem alcançados os objetivos propostos para esta disciplina.

4. Favorecimento de práticas religiosas em grupos organizados e sua releitura com critérios humanizadores e ecossistêmicos[40]

4.1. Indicativos de análise situacional

Tratando-se de um processo educativo, não basta conseguir clareza teórica sobre a religiosidade e suas expressões culturais. Além de desenvolver as três precedentes dimensões deste processo, é necessário o cultivo de práticas religiosas voltadas diretamente para o Incondicionado ou Transcendente. Este relacionamento com o Ser superior faz parte da realização humana quando tautócrono às relações com os outros humanos e acompanhado do respeito à vida dentro do ecossistema. As práticas religiosas, portanto, que educam nossa dimensão religiosa, são levadas a efeito em grupos que se organizam para o preito de louvor e de invocação à divindade. Estes procedimentos podem ser chamados de atos cultuais, e é sob este enfoque que serão abordados alguns elementos de análise situacional.

Consideramos como culto toda reverência respeitosa a uma divindade e que se expressa por um conjunto de atitudes e ritos. As descobertas arqueológicas revelam que, desde a remota

---

[40] A ecologia (do grego *oikos* > casa, *habitat*) é a ciência que estuda as relações entre o ser vivo e o ambiente em que ele vive. Ela reconquista hoje atualidade e visibilidade. "Em sentido lato, o campo de estudo da ecologia compreende todos os níveis de organização superiores ao indivíduo, desde populações até o conjunto da biosfera de nosso planeta. Mas seu objeto privilegiado permanece, indubitavelmente, o *ecossistema*, que pode ser definido como o conjunto constituído por uma *biocenose* (associação local de povoamentos pertencentes a várias espécies vegetais e animais) e o ambiente em que vivem estes organismos (*biotope*)." (Encyclopédie Philosophique Universelle – Les Notions Philosophiques, Dictionnaire I).

pré-história, há sinais reveladores de práticas cultuais. Como ação humana, o culto liga-se estreitamente à cultura e, como tal, está sujeito à ambiguidade e necessita ser purificado de elementos que atentam contra a integralidade humana e ecológica. Tendo presente esta conceituação, passamos a analisar brevemente expressões cultuais mais notórias, tomando em referência critérios antropológico-culturais.

Iniciamos com atos cultuais que, aparentemente, se configuram como expressões de fé religiosa, consistindo em homenagens ou recurso a um ser divino. De modo geral, estão ligados a instituições confessionais, seguindo ritual oficial ou assumindo modalidades mais populares. Neste caso, as celebrações ocorrem em locais especialmente sagrados para tal finalidade, como templos, igrejas, santuários. Também são efetuadas em outros espaços, quando se trata, por exemplo, de procissões e peregrinações. Cabe perguntar aqui: de que profundidade humana procede a linguagem simbólica desses ritos e celebrações? Os motivos dessas exteriorizações provêm da dimensão religiosa do ser humano ou predominam nelas influências meramente tradicionais, por ser costume vindo de gerações anteriores? Participa-se por causa da grandiosidade do evento ou pela emoção que ele suscita?

No mesmo rol de manifestações agora referidas, fazemos entrar práticas devocionais que, dentro da ambiguidade humana, podem sinalizar fé religiosa ou denotar atitudes e sentimentos individualistas e intimistas, alinhando-se com ensimesmação. De forma parecida, distanciando-se de uma fé religiosa, há crenças que consistem em convicções íntimas a respeito de coisas não necessariamente religiosas, tendo como fonte a própria pessoa ou grupo, não raro, sob o influxo de uma tradição local. O que dizer de tais crenças quando parecem denotar cunho supersticioso? Sua ambiguidade põe em dúvida sua autenticidade cultual: presta-se homenagem a uma divindade ou busca-se a própria satisfação, ou seja, em vez de autotranscendência há autocomplacência? As

173

motivações, neste caso, parecem centrar-se nos indivíduos que assumem tais atitudes e práticas.

Canto, música, dança, pinturas, ornamentos e outras formas artísticas têm sido e continuam sendo elementos significativos na celebração de culto. Possuem poder maravilhoso para dar vazão a sentimentos profundos, propiciar o toque do Incondicionado, veicular a substância do ato cultual. Mas, como toda construção cultural, podem ficar na horizontalidade da forma, dependendo da intencionalidade dos artistas e intérpretes. As expressões estéticas podem estar associadas aos avanços tecnológicos da mídia, que permitem participação virtual em celebrações. Neste caso, fica a pergunta: como é possível "presencializar" nossa participação por meio da rádio, tevê e internet, no sentido de torná-la integral?

Ao lado de formas cultuais como as que agora vimos e que se enquadram em autonomia e teonomia, existem outras que, consideradas objetivamente, deformam as práticas de culto. Neste elenco entra a comercialização da religião, de objetos rituais e de práticas cultuais. Trata-se de assunto já abordado por bom número de pensadores. Nesta listagem há outras realizações rituais, de natureza explicitamente cultual, mas com características fortemente ambíguas, tais como: a manipulação mágica das relações com o mundo divino, o fanatismo e o fundamentalismo. Do mesmo modo, necessitam de aprofundamento questionador a feitiçaria e a bruxaria, o ocultismo, a necromancia, a demonização e, de modo geral, toda idolatria. Não devemos, contudo, prejulgar todas estas exteriorizações como heterônomas e perversas, pois quem as pratica pode considerá-las sob uma perspectiva autônoma e teônoma, ainda que, objetivamente, não pareça adequado incluí--las em uma autointegração, autocriatividade e autotranscendência. Em todo caso, carecem, sim, de acurado estudo e exame, que não cabem agora aqui, dentro do contexto desta reflexão. O culto ideal seria aquele em conformidade com critérios humanizadores e ecossistêmicos.

4.2. Objetivos do Ensino Religioso

- Oportunizar o desenvolvimento de atitudes de veneração pelo sagrado.

- Suscitar o respeito para com as crenças e atos cultuais dos outros.

- Propiciar a aquisição de conhecimentos requeridos para a tomada de consciência da qualidade dos sentimentos religiosos e para a revisão constante das expressões de fé e das práticas religiosas, tomando em referência critérios humanizadores e ecossistêmicos.

- Ajudar a definir e fortalecer, de forma livre e consciente, nosso posicionamento religioso e nossa pertença a determinada agremiação ou confissão religiosa.

4.3. Elementos para reflexão

Como afirmado anteriormente, entendemos por culto a reverência respeitosa a uma divindade, seja ela Deus único ou deuses, santos ou qualquer ente ou elemento da natureza sacralizada. Esse preito pode ser de adoração, louvor, súplica, invocação, penitência, agradecimento, temor etc. Esses sentimentos são expressos por orações, gestos, atitudes e ritos, geralmente durante uma cerimônia que tem sua configuração própria segundo o agrupamento ou credo professado. O culto é essencialmente uma ação humana, uma realidade histórica, fazendo parte de determinada cultura e, como tal, sujeito a variações e mudanças segundo lugares e tempos. Desde o homem pré-histórico perdura um nexo íntimo entre cultura e culto, em uma multiformidade de aspectos. As expressões cultuais, como toda cultura, podem ser ambíguas, e de fato o são. Necessitam ser escoimadas de elementos que firam a vida, a dignidade e o desenvolvimento humanos ou atentem contra o cuidado requerido pela preservação ecológica.

Em uma visão mais abrangente, toda criação cultural é sempre repassada, dirigida e avivada por uma intencionalidade. Para isto, entram em ação a memória afetiva e a consciência, que fazem emergir motivações, definir rumos, estabelecer metas e, da profundidade do ser, configurar o sentido e o significado da atividade criadora em curso. O sentido e o significado, a partir de uma realidade condicionada de formas, apontam sempre para algo além dos limites, para o Incondicionado, e situam-se no dinamismo da teonomia e da transcendência.

Neste dinamismo de intencionalidade transcendente, situamos a relação do ser humano com o sagrado, ou, em linguagem tillichiana, com o próprio Incondicionado.[41] Esta relação pode ser assim representada: eu-sujeito/objeto *versus* sagrado-ser--em-si (+objeto/sujeito). Por experiência e estudos, sabemos que em nós, humanos, existe uma predisposição estrutural para nos relacionarmos com o mundo divino. Esta predisponência, contudo, não nos permite ultrapassar os limites de nossa existência. Assim mesmo, com base nesta tendência natural, feita de aspirações e desejos de infinitude, estimulados por elementos circunstanciais e conduzidos pela intuição, chegamos, pelo pensamento, a descrever esta experiência do sagrado como algo que nos toca de modo absoluto e incondicional. Retidos, porém, dentro dos limites de nossa contingência, somente pela crença e fé religiosa podem nossos tateios experienciais, denominados por Rudolf Otto de "numinoso",[42] receber conteúdo e revalidação. Podemos, assim, nomear o ser divino e ousar relacionar-nos com ele.

Existe no ser humano "uma inquietude universal, irredutível e inelutável, inscrita por Deus no coração humano, de viver em har-

---

[41] Tillich é reticente no uso do termo transcendência e de palavras dela derivadas para não induzir à compreensão de que Deus, na visão cristã, está do lado de fora e afastado de nós. Quer, sim, ressaltar a presença imanente do divino em nosso ser.

[42] OTTO, *Das Heilige...*, pp. 5-7.

monia e familiaridade com Deus e com toda a realidade criada".[43] As relações com o ser divino implicam um entrelaçamento fraterno com os outros humanos e um relacionamento harmonioso com toda a criação. A experiência religiosa do Absoluto, embasada na fé, propicia dilatação àquele que a vive até as dimensões do infinito, mas ao mesmo tempo o faz tomar consciência de seus próprios limites e de sua contingência".[44] Quanto mais penetrarmos na infinitude de Deus, tanto mais tomaremos consciência de nossa finitude, de nossas limitações e deficiências. Quanto mais experimentarmos a força do amor divino, tanto mais sentiremos a debilidade de nossa resposta afetuosa para com ele, com os semelhantes e todos os entes. Assim mesmo, dentro de nossa contingência, ele é nosso arrimo e força. Dentro destes parâmetros, somos convidados a situar a experiência de relacionamento com o sagrado.

Atendo-nos e limitando-nos, por outro lado, aos referenciais de caráter antropológico-cultural que caracterizam primordialmente este trabalho, e não recorrendo necessariamente a uma fé religiosa, procurei estruturar o pensamento sobre a relação do ser humano com o sagrado. Isto me leva a distinguir duas posições: a de um observador ou estudioso e a de um crente ou pessoa de fé. Tillich aproxima a posição do observador com a de um filósofo interessado no estudo deste fenômeno; e a do crente com a de um teólogo que vivencia o que reflete e ensina. Podemos acrescentar a estes exemplos outros que caracterizem igualmente as duas posições.

O primeiro caso pode ser enquadrado no seguinte esquema: eu-objeto *versus* sagrado-objeto. O eu está interessado nas coisas da religião por motivos diversos, sem se envolver existencialmente. Ocupa-se de assuntos religiosos enquanto eu-objeto e faz do

---

[43] MANNES, op. cit., pp. 17-18.

[44] MESLIN, M. *A experiência humana do divino;* fundamentos de uma antropologia religiosa. Petrópolis, Vozes, 1992, p. 333.

sagrado igualmente um objeto de estudo ou de mera curiosidade. Não é movido por uma questão de fé ou crença. Por um lado, visa obter um melhor conhecimento das questões que envolvem o sagrado. O motivo impulsionador de pura curiosidade não altera a relação objetificante aqui considerada.

O segundo caso é bem diferente, porque inclui o elemento motivador da crença e da fé. Pode ser assim representado: eu--sujeito/objeto *versus* sagrado-sujeito. A fé e a crença levam a transpor o abismo entre o mundo humano e mundo divino, entre o relativo e o absoluto. O eu animado pela fé ou crença acredita na existência real e concreta de um ser ou de mais seres superiores. O conteúdo desta fé lhe é fornecido pela tradição religiosa à qual se filia e que também lhe proporciona uma caracterização desse ser divino. A relação entre o eu e o sagrado vem a ser do tipo eu-tu, valendo o esquema eu-sujeito *versus* sagrado-sujeito. Trata-se, pois, de uma relação dialógica. Pode também o "eu" da pessoa de fé, de forma intencional ou de acordo com a pendência do balanço interior entre o eu-sujeito e eu-objeto, dirigir-se como eu-objeto para o sagrado-objeto.

Existem ainda outras modalidades de relacionamento da parte do crente com a divindade, em que entram em jogo a qualidade e o conteúdo de fé por parte do crente. Neste caso, por exemplo, a pessoa pode querer defender-se do influxo divino ou subtrair--se desta influência, assumindo atitudes e realizando práticas com esta intencionalidade. Outra modalidade, bastante frequente, é comercializar este relacionamento, oferecendo bens materiais ou fazendo promessas em troca de favores divinos, referentes a coisas ou situações que nada têm a ver com o verdadeiro bem do impetrante ou de culto respeitoso. Tais posturas e procedimentos podem ser assim esquematizados: eu-objeto *versus* sagrado-sujeito.

Existem casos especiais, como o de pessoa indiferente, arreligiosa ou ateia. Por influência contextual e de educação ou por intencional processo de abafamento da dimensão religiosa, alguém pode portar-se formalmente como indiferente quanto à religião, colocando-a, por assim dizer, subjetiva e objetivamente, entre parênteses: eu-(sujeito) *versus* (sagrado). Sua indiferença, em uma análise cultural, dentro da correlação tensional entre forma e conteúdo, situa-se no polo da forma, com soterramento do conteúdo. De fato, não consegue apagar a religião, a qual, em momentos de grandes abalos, emerge de seu íntimo e o leva a refazer a relação com o sagrado, cabendo-lhe, então, o esquema: eu-sujeito *versus* sagrado-sujeito.

O ateu declarado diferencia-se daquele que é indiferente, por assumir, por causas diversas, a confissão de ateísmo. Cabe-lhe o esquema: eu-sujeito *versus* sagrado-objeto + (sagrado-sujeito). Esta posição, em um contexto religioso-cultural, pode significar antes a negação de determinada imagem de uma deidade e não a negação do ser divino como tal. Acrescente-se a isto que, se sua declaração de ateísmo for sincera, ele a faz com posicionamento claramente religioso. Por isso, seu ateísmo é formal e seu posicionamento, indubitavelmente, de caráter religioso.[45]

Situação parecida é a do arreligioso, que ocorre em populações mantidas longamente a distância e completamente desinformadas de toda manifestação religiosa. Sob tal influência contextual, pode alguém crescer sem religião e ignorante de todo fato religioso. Sua dimensão religiosa, por truncamento exterior, encontra-se em estado de involução, necessitando ser despertada e serem-lhe oportunizados ambientes e condições de aviventação e crescimento. Pode-se configurar seu estado religioso-cultural pelo seguinte esquema: eu-(sujeito/objeto) *versus* (sagrado-sujeito/objeto).

Em uma perspectiva pedagógica, cabe direcionar o *processo educativo* do Ensino Religioso para uma tomada de conhecimento, de forma respeitosa, da religião e de práticas de culto dos edu-

---

[45] O ateísmo é questão que merece aprofundamento, mas que não pode ser feito aqui, pois fugiria dos objetivos e excederia os limites deste trabalho.

candos, de suas famílias e dos círculos sociais onde se inserem. Criar entre os alunos, na sala de aula, um clima favorável para uma partilha de sua religião e de sua participação em cultos. Refletir com eles sobre aspectos significativos desta tomada de consciência, valendo-se dos elementos de fundamentação. Favorecer com isso um discernimento do que convém desenvolver, evitar ou corrigir. Propiciar, dentro desse processo, um posicionamento consciente e livre de adesão a determinada agremiação religiosa ou uma confirmação de pertença à confissão religiosa ou grupo organizado de religião ao qual o educando já esteja filiado.

Tendo presentes os objetivos que são conferidos especificamente ao Ensino Religioso, os dirigentes e professores cuidem para que tais alvos sejam atingidos. É importante um clima de recíproca acolhida e mútuo respeito. No solipsismo e no fechamento egocêntricos não pode haver crescimento individual e social. Para o seu desenvolvimento, a dimensão religiosa necessita da convivência em um grupo estável, em que se partilhe e aprofunde a fé religiosa. Participar como membro ativo de tal agrupamento é indispensável a cada indivíduo para o seu perfazer humano-religioso.

4

Conclusão

Na parte introdutória desta publicação, fiz conhecer que tomei parte ativa na história do Ensino Religioso no Brasil e, de forma mais imediata, no Rio Grande do Sul, desde a década de 1960. Este decênio caracterizou-se pelo surgimento de significativas mudanças socioculturais, com repercussão nos sistemas de ensino. Também as denominações religiosas ficaram envolvidas e se envolveram com esses novos tempos. Para o Ensino Religioso iniciou-se e posteriormente se aprofundou uma fase de alterações radicais. O presente trabalho insere-se neste processo.

Tendo presentes os problemas que, a meu juízo, afetam esta matéria hoje, desenvolvi meu pensar, depois da introdução, em três partes (aspectos legais, alicerce e perspectivas), procurando encaminhar respostas aos desafios dessa problemática. Procedendo com esta tríplice intencionalidade, propus-me, como objetivo principal, colaborar na construção de uma fundamentação antropológico-cultural da religião em geral e do Ensino Religioso em particular. Visando a uma consistência coerente e unificadora, recorri ao pensamento de Paul Tillich, como autor referencial privilegiado, mas não único, do qual as categorias de pensar ficam em maior evidência na segunda parte e orientam igualmente as perspectivas da terceira. Em tudo isto houve tentativa e cuidado de conferir às três seções a interligação de um único processo do Ensino Religioso como tal, no qual minha trajetória está inserida.

Fazendo uma revisão do trabalho, fica claro que a primeira parte não foi desenvolvida como uma narração histórica completa, pois outros já trataram disso. Tive intenção de situar a evolução dos aspectos legais em seu contexto, no sentido de evidenciar as mudanças na concepção do Ensino Religioso, tal como consta na legislação em vigor. Observação parecida cabe em relação à terceira seção, que traça perspectivas decorrentes das partes anteriores. Um breve cotejo entre a legislação vigente e os elementos de fundamentação deixa claro que esta última não apenas não contradiz mas vai além daquela. O processo educativo, contemplado sob quatro dimensões, foi apresentado de forma sintética e indicativa, para não exceder os limites de uma necessária proporcionalidade e do objetivo principal. O cerne do trabalho é constituído pela tentativa de alicerçar a religião em elementos antropológico-culturais. Por isto a segunda parte é a mais ampla.

Esta análise leva a ressaltar três aspectos mais significativos: *1)* As três partes constituem um processo. Ainda que de distintas temáticas, elas se complementam em uma única totalidade. Metodologicamente, este processo integra a experiência histórica com uma teorização e uma ação renovadora dessa mesma experiência. *2)* O pensamento de Paul Tillich, com sua tríade de categorias, ajusta-se como alicerce à educação religiosa, considerando esta como desenvolvimento da dimensão profunda do ser humano que é a da religião. *3)* As quatro dimensões do processo educativo do Ensino Religioso, na última seção, abrem perspectivas diversas, contextualizadas na realidade do mundo atual e na reflexão que reconfigura o campo pedagógico hoje.

Bibliografia

ADAMS, James Luther. *Paul Tillich's philosophy of culture, science and religion.* New York, Harper & Row, 1965.

AGOSTINI, Frei Nilo, ofm. *Ética cristã e desafios atuais.* Petrópolis, Vozes, 2002.

ALVES, Ruben. *O que é a religião.* 15. ed. São Paulo, Brasiliense, 1992.

_____. *O enigma da religião.* 4. ed. Campinas, Papirus, 1988.

AMELUNG, Eberhard. *Die Geschichte der Liebe;* Paul Tillichs Theologie der Kultur. Gütersloh, Gütersloher Verlagshaus Gerd Mohn, 1972.

ANAIS DO CONGRESSO NACIONAL. *Constituinte de 1946.* 84ª sessão, 14 jun. 1946.

ANJOS, Márcio Fabri dos (org.). *Teologia e novos paradigmas.* São Paulo, Soter/Loyola, 1996.

BARBOSA, Rui. *Reforma do ensino primário e várias instituições complementares da instrução pública.* Rio de Janeiro, Ministério da Educação e Saúde, 1947. (Obras Completas de Rui Barbosa. v. X, tomo 1, 1883.)

BIRCK, Bruno Odélio. *O sagrado em Rudolf Otto.* Porto Alegre, EDIPUCRS, 1993.

BITTENCOURT FILHO, José. *Matriz religiosa brasileira;* religiosidade e mudança social. Petrópolis, Vozes, 2003.

BOFF, Leonardo. *Tempo de transcendência.* 2. ed. Rio de Janeiro, Sextante, 2000.

_____. *Ética e moral;* a busca dos fundamentos. Petrópolis, Vozes, 2003.

BRANDÃO, Zaia. *A crise dos paradigmas e a educação.* 5. ed. São Paulo, Cortez, 1999.

BRASIL. *Constituição da República Federativa do Brasil.* De 5 de outubro de 1988. São Paulo, Atlas. 1989.

_____. *Constituição Federal, Código Civil, Código de Processo Civil.* 5. ed. Porto Alegre, Verbo Jurídico, 2004. (Org. Nylson Paim de Abreu Filho.)

_____. *Câmara de Educação Básica/Conselho Nacional de Educação* – CEB/CNE. Resolução n. 02/98, item IV, b), publicada no D.O.U. de 15/4/98 – Seção I – p. 31.

CAPRA, Fritjof. *O ponto de mutação;* a ciência, a sociedade e a cultura emergente. 24. ed. São Paulo, Cultrix, 2003.

_____. *As conexões ocultas;* ciência para uma vida sustentável. 4. ed. São Paulo, Cultrix, 2004.

CARON, Lurdes (org.). *O Ensino Religioso na nova LDB.* Petrópolis, Vozes, 1998.

CASSIRER, Ernst. *Ensaio sobre o homem;* introdução a uma filosofia da cultura humana. Trad. Tomás Rosa Bueno. 3. ed. São Paulo, Martins Fontes, 2001.

COMISSÃO TEOLÓGICA INTERNACIONAL. *O cristianismo e as religiões.* Trad. Gilmar Saint'Clair Ribeiro. São Paulo, Loyola, 1997.

CNBB. *O Ensino Religioso.* São Paulo, Paulinas, 1987. (Col. Estudos da CNBB, n. 49.)

_____. *Educação religiosa nas escolas.* 2. ed. São Paulo, Paulinas, 1977. (Col. Estudos da CNBB, n. 14.)

CNBB/REGIONAL SUL 3. *Texto referencial para o Ensino Religioso escolar.* Petrópolis, Vozes, 1996.

CONCÍLIO VATICANO II. *Constituição pastoral "Gaudium et Spes";* a Igreja no mundo deste tempo. Lisboa, Morais, 1966.

CONSELHO NACIONAL DE EDUCAÇÃO – Parecer n. CP 97/99, aprovado em 6/04/99, homologado em 14/5/99 e publicado no D.O.U. em 18/5/99, Seção 1, p. 11.

Dicionário Houaiss da Língua Portuguesa. Rio de Janeiro, Objetiva, s/d.

DURKHEIM, Émile. *As formas elementares da vida religiosa;* o sistema totêmico na Austrália. Trad. Paulo Neves. São Paulo, Martins Fontes, 2000.

ECO, Umberto; MARTINI, Carlo Maria. *Em que creem os que não creem?* Trad. Eliana Aguiar. 5. ed. Rio de Janeiro/São Paulo, Record, 2001.

EDWARDS, Denis. *Experiência humana de Deus*. Trad. Barbara Theoto Lambert. São Paulo, Loyola, 1995.

ELIADE, Mircea. *O sagrado e o profano; a essência das religiões*. Trad. Rogério Fernandes. São Paulo, Martins Fontes, 2001.

_____. *Tratado de história das religiões*. Trad. Fernando Tomaz e Natália Nunes. 2. ed. São Paulo, Martins Fontes, 2002.

ENCYCLOPÉDIE PHILOSOPHIQUE UNIVERSELLE. *Les notions philosophiques*. 2. ed. Paris, Presses Universitaires de France, 1998.

FEUERBACH, Ludwig. *A essência do cristianismo*. Trad. e apres. Adriana Veríssimo Serrão. 2. ed. Lisboa, Fundação Calouste Gulbenkian, 2002.

FIGUEIREDO, Anísia de Paulo. *Ensino religioso no Brasil; tendências, conquistas, perspectivas*. Petrópolis, Vozes, 1996.

FRAAS, Hans-Jürgen. *A religiosidade humana; compêndio de psicologia da religião*. Trad. Ilson Kayser e Werner Fuchs. São Leopoldo, Sinodal, 1997.

FRAILE. *Historia de la filosofia; I. Grecia y Roma*. Madrid, BAC, 1990.

FRANKL, Viktor E. *A presença ignorada de Deus*. Rev. trad. Walter O. Schlupp e Helga H. Reinhold. 2. ed. São Leopoldo, Sinodal, 1992.

FREIRE, Paulo. *Pedagogia da autonomia; saberes necessários à prática educativa*. 11. ed. São Paulo, Paz e Terra, 1999.

FREUD, Sigmund. *Obras psicológicas completas de Sigmund Freud*. 2. ed. Rio de Janeiro, Imago, 1987.

GABUS, Jean-Paul. *Introduction à la théologie de la culture de Paul Tillich*. Paris, Presses Universitaires de France, 1969.

GEERTZ, Clifford. *Interpretazione di cultura*. Bologna, Il Mulino, 1998. [Ed. brasileira: *Interpretação das culturas*. Rio de Janeiro, LTC, 1989.]

GIUSSANI, Luigi. *O senso religioso; primeiro volume do Percurso*. Trad. Paulo Afonso E. de Oliveira. Rio de Janeiro, Nova Fronteira, 2000.

GRÜN, Anselm. *A proteção do sagrado*. Trad. Carlos Almeida Pereira. Petrópolis, Vozes, 2003.

GUITTON, Jean; BOGDANOW, Grickka; BOGDANOW, Igor. *Deus e a ciência, em direção ao metarrealismo*. Trad. Maria Helena Francisco Martins. 8. ed. Rio de Janeiro, Nova Fronteira, 2000.

HALL, Stuart. A centralidade da cultura: notas sobre as revoluções culturais do nosso tempo. *Educação & Realidade*, Porto Alegre, 22 (2): 15-45, jul.-dez. 1997.

HALL, Stuart. *A identidade cultural na pós-modernidade*. Trad. Tomaz Tadeu da Silva e Guacira Lopes Louro. Rio de Janeiro, DP&A, 1997.

HÄRING, Bernhard. *Minhas esperanças para a Igreja; críticas e estímulos*. Trad. Luís Guerreiro P. Cascais e Irene Ortlieb G. Cascais. Aparecida/São Paulo, Santuário/Paulus, 1999.

HARVEY, David. *A condição pós-moderna; uma pesquisa sobre as origens da mudança cultural*. Trad. Adail Ubirajara Sobral e Maria Stela Gonçalves. 3. ed. São Paulo, Loyola, 1993.

HEGEL, G. W. F. *Fenomenologia do Espírito*. Trad. Henrique Cláudio de Lima Vaz. São Paulo, Abril Cultural, 1980. (Col. Os Pensadores.)

HEIDEGGER, Martin. *Carta sobre o humanismo*. Trad. Rubens E. Frias. São Paulo, Moraes, 1991.

HUME, David. *História natural da religião*. Trad., apres. e notas Jaimir Conte. São Paulo, Unesp, 2005.

JUNG, C. G. *Psicologia e religião*. Trad. dom Mateus R. Rocha. 5. ed. Petrópolis, Vozes, 1995.

KANT, Immanuel. *A religião nos limites da simples razão*. Trad. Artur Morão. Lisboa, Setenta, 1992.

KÜNG, Hans. *Religiões no mundo: em busca dos pontos comuns*. Trad. Carlos Almeida Pereira. Campinas, Verus, 2004.

LALANDE, André. *Vocabulário técnico e crítico da filosofia*. 3. ed. São Paulo, Martins Fontes, 1999.

LERMEN, Benno João. *Filosofia da religião*. São Leopoldo, Unisinos, 2001. (Ed. reprográfica interna.)

LIBÂNIO, J. B. *Deus e os homens; os seus caminhos*. Petrópolis, Vozes, 1990.

LOGOS – ENCICLOPÉDIA LUSO-BRASILEIRA DE FILOSOFIA. São Paulo, Verbo, s/d.

MANNES, João, ofm. *O transcendente imanente: a filosofia mística de são Boaventura*. Petrópolis, Vozes, 2002.

MARTELLI, Stefano. *A religião na sociedade pós-moderna; entre secularização e dessecularização*. Trad. Euclides Martins Balancin. São Paulo, Paulinas, 1995.

MATURANA, Humberto Romesín & VARELA, Francisco J. Garcia. *De máquinas e seres vivos; autopoiese: a organização do vivo*. Trad. Juan Acuña Llorens. 3. ed. Porto Alegre, Artes Médicas, 1997.

MERLEAU-PONTY, Maurice. *A natureza;* notas: cursos no Collège de France. Trad. Álvaro Cabral. São Paulo, Martins Fontes, 2000.

MESLIN, Michel. *A experiência humana do divino;* fundamentos de uma antropologia religiosa. Trad. Orlando dos Reis. Petrópolis, Vozes, 1992.

METTE, Norbert. *Pedagogia da religião.* Trad. Rui Rothe-Neves. Petrópolis, Vozes, 1999.

MONDIN, Battista. *Paul Tillich e la transmitizzazione del cristianesimo.* Torino, Borla, 1967.

MORA, José Ferrater. *Dicionário de filosofia.* Madrid, Alianza, 1990.

MORIN, Edgar. *Os sete saberes necessários à educação do futuro.* 2. ed. Trad. Catarina Eleonora F. da Silva e Jeanne Sawaya. São Paulo/Brasília, Cortez/Unesco, 2000.

NIETZCHE. Friedrich W. *A genealogia da moral.* Trad. Paulo César de Souza. São Paulo, Companhia das Letras, 1998.

NOVO DICIONÁRIO AURÉLIO. Rio de Janeiro, Nova Fronteira, s/d.

NUNES JUNIOR, Ario Borges. *Do recato da clausura ao turbilhão do êxtase.* São Paulo, USP/IP, 2001. Tese de doutorado.

OTTO, Rudolf. *O sagrado;* um estudo do elemento não-racional na ideia do divino e a sua relação com o racional. Trad. Prócoro Velasques Filho. São Bernardo do Campo, Imprensa Metodista, 1985.

_____. *Das Heilige;* über das Irrationale in der Idee das Göttlichen und sein Verhältnis zum Rationalen. 23. bis 25. Auflage. München, Beck, 1997.

PADEN, William E. *Interpretando o sagrado;* modos de conceber a religião. Trad. Ricardo Gouveia. São Paulo, Paulinas, 2001.

PAULO VI. *Ecclesiam suam;* carta encíclica sobre os caminhos da Igreja. 2. ed. São Paulo, Paulinas, 1964.

PANNENBERG, Wolfahrt. *Una historia de la filosofía desde la idea de dios;* teología y filosofía. 2. ed. Salamanca, Sígueme, 2002.

RAHNER, Karl. *Das Christentum und die nichtchristlichen Religionen in Schriften zur Theologie.* Resumido no Curso Fundamental da Fé. São Paulo, Paulus, 1989.

REVISTA DE CATEQUESE, São Paulo, Instituto Teológico Pio XI, abr./jun., 1992.

RIBEIRO, Darcy. *O povo brasileiro;* a formação e o sentido do Brasil. 2. ed. São Paulo, Companhia das Letras, 2004. (23ª reimpressão.)

Rio Grande do Sul. Constituição do Estado do Rio Grande do Sul (1989). Atualização. 11. ed. Porto Alegre, Corag – Assessoria de Publicações, 2003.

Ruedell, Pedro. *Evolução do Ensino Religioso nas escolas oficiais do Rio Grande do Sul.* São Leopoldo, Unisinos, 1999. Dissertação de mestrado.

_____. *Trajetória do Ensino Religioso no Brasil e no Rio Grande do Sul.* Porto Alegre/Canoas, Sulina/Unilasalle, 2005.

Santos, Antônio Raimundo. *Ética:* os caminhos da realização humana. São Paulo, Ave-Maria, 1997.

Santos, Boaventura de Sousa. *Pela mão de Alice:* o social e o político na pós-modernidade. 6. ed. São Paulo, Cortez, 1999.

Schillebeeckx, Edward. *História humana:* revelação de Deus. Trad. João Rezende Costa. São Paulo, Paulus, 1994.

Schleiermacher, Friedrich F. E. *Sobre a religião.* Trad. Daniel Costa. São Paulo, Novo Século, 2000.

Schlesinger, Hugo & Porto, Humberto. *Dicionário enciclopédico das religiões.* Petrópolis, Vozes, 1995.

Silva, Marcos. *A busca do numinoso e suas implicações educacionais.* Piracicaba, Unimep, 1998. Dissertação.

Silva, Valmor da. (org.). *Ensino religioso;* educação centrada na vida: subsídio para a formação de professores. São Paulo, Paulus, 2004.

Souza, Draiton Gonzaga de. *O ateísmo antropológico de L. Feuerbach.* 2. ed. Porto Alegre, EDIPUCRS, 1994.

Susin, Luiz Carlos (org.). *Mysterium creationis;* um olhar interdisciplinar sobre o universo. São Paulo, Soter/Paulinas, 1999.

Taylor, Charles. *As fontes do self:* a construção da identidade moderna. São Paulo, Loyola, 1997.

Teixeira, Faustino. *Teologia das religiões;* uma visão panorâmica. São Paulo, Paulinas, 1995.

Teixeira, Faustino (org.). *Sociologia da religião;* enfoques teóricos. Petrópolis, Vozes, 2003.

Tillich, P. Über die Idee einer Theologie der Kultur. *Religionsphilosophie der Kultur. Vortäge der Kant-Gesellschaft,* Berlin, n. 24, pp. 28-52, 1919.

_____. *Religiöser Stil und religiöser Stoff in der bildenden Kunst. Das neue Deutschland,* IX: 1921.

TILLICH, P. Die Kategorie des 'Heiligen' bei Rudolf Otto; Theologische Blätter, IV, 1923, p. 11. In: ADAMS, James Luther. *Paul Tillich's philosophy of culture, science and religion.* New York, Harper & Row, 1965. p. 74.

_____. *Die Religiöse Substanz der Kultur;* Schriften zur Theologie der Kultur. Gesammelte Werke, Band IX. Stuttgart, Evangelisches Verlagswerk, 1967.

_____. *Begegnungen:* Paul Tillich über sich selbst und andere. Gesammelte Werke, Band XII. Stuttgart, Evangelisches Verlagswerk, 1971.

_____. *The religious situation.* New York, Henry Holt & Co., 1932. (Versão inglesa por H. Richard Niebuhr.)

_____. *The interpretation of history.* Trad. para o inglês de Ratsetzki e Talmey. New York, Charles Scribner's Sons, 1936. [Esta edição contém Notas autobiográficas, pp. 3-17.]

_____. *The shaking of the foundations.* New York, Charles Scribner's Sons, 1948

_____. *Die verlorene Dimension:* Not und Hoffnung unserer Zeit. Hamburg, Furche-Verlag H., 1962.

_____. *Auf der Grenze, aus dem Lebenswerk Paul Tillichs.* Stuttgart, Evangelisches Verlagswerk, 1962.

_____. *Die Frage nach dem Unbedingten:* Schriften zur Religionsphilosophie. Stuttgart, Evangelisches Verlagswerk, 1964.

_____. *Korrelationen:* Die Antworten der Religion auf die Fragen der Zeit. Stuttgart, Evangelisches Verlagswerk, 1975.

_____. *Dinâmica da fé.* Trad. Walter O. Schlupp. 5. ed. São Leopoldo, Sinodal, 1996.

_____. *Teologia sistemática.* Trad. Getúlio Bertelli. 3. ed. São Leopoldo, Sinodal, 2000.

TORRES QUEIRUGA, Andrés. *Recuperar a criação:* por uma religião humanizadora. 2. ed. São Paulo, Paulus, 2003.

UNESCO. *Declaração Universal da Unesco sobre a Diversidade Cultural.* De 2/11/2001. Tradução não oficial por Moema Salgado para o Fórum Social Mundial III. Porto Alegre, 23-28 jan. 2003.

_____. Education and religion: the paths of tolerance. *Prospects, 33* (2/126): jun. 2003. (International Bureau of Education.)

VASCONCELLOS, José Cabral de. *Ensaios sobre o sagrado e a educação*. Piracicaba, Unimep, 1989. Dissertação de mestrado.

VAN DER LEEUW, Gerardus. *Phänomenologie der Religion*. Tübingen, J. C. B. Mohr, 1933.

VIDAL, Marciano. *Moral de atitudes*. Trad. Ivo Montanhese. 5. ed. Aparecida, Santuário, 2000.

WEBER, Max. *A ética protestante e o espírito do capitalismo*. Trad. José Marcos Mariani de Machado. Rev. Téc. Antônio Flávio Pierucci. São Paulo, Companhia das Letras, 2004.

ZIMMERMANN, Roque. *Ensino religioso;* uma grande mudança. Brasília, Câmara dos Deputados – Centro de Documentação e Informação, 1998.

Sumário

Apresentação 9

Introdução 11

1. Realidade histórico-legal do Ensino Religioso 19

2. Ensaio de uma fundamentação antropológico-cultural da religião 41

   Dimensão religiosa do ser humano 44

   Expressão cultural da religião 73

   Forma e conteúdo 104

   Autonomia, heteronomia e teonomia 112

   Autointegração, autocriatividade, autotranscendência 119

3. Ensino Religioso: elemento básico de educação 127

   O Ensino Religioso atual diante da legislação vigente em cotejo com a fundamentação antropológico-cultural 130

   Dimensões pedagógicas do Ensino Religioso 146

4. Conclusão 181

Bibliografia 183

Impresso na gráfica da
Pia Sociedade Filhas de São Paulo
Via Raposo Tavares, km 19,145
05577-300 - São Paulo, SP - Brasil - 2010